§. 200

des

Preussischen Strafgesetzbuches.

Preußische und englische Medizinalzustände

von

Dr. S. Makower,
prakt. Arzt in Wiesbaden.

Berlin, 1869.
Verlag von J. Guttentag.

Dem

Vereine der Aerzte

des

Regierungs-Bezirks Düsseldorf

bei Gelegenheit der Feier seines 25jährigen Bestehens

in alter Anhänglichkeit gewidmet

vom

Verfasser.

Vorwort.

Vorliegendes Schriftchen ist die Frucht eines kaum zweimonatlichen Aufenthaltes in London, und hat lediglich den Zweck, für die Beseitigung des §. 200 des preußischen Strafgesetzbuches, welche von verschiedenen Seiten bereits beantragt ist, durch die Vergleichung der einschlagenden preußischen und englischen Medicinalzustände zu wirken. Wenn auch einige englische Verhältnisse darin besprochen sind, welche dem großen ärztlichen Publikum Deutschlands unbekannt sein möchten, so ist Verfasser dennoch weit davon entfernt, seine Arbeit als eine Quelle für englische Medicinalverfassung auszugeben; deshalb unterdrückte er sie auch nicht, als ihm, auf den Continent zurückgekehrt, die „medicinischen Reisebriefe durch England und Holland von Dr. H. Rohlfs" in die Hände fielen, in welchen einzelne englische Einrichtungen in ähnlicher Weise analysirt sind, wie in dem vorliegenden Werkchen.

Es ist mir eine angenehme Pflicht, den Herrn Dr. H. Beigel, Arzt am Metropolitan Free Hosp., Herrn Dr. Sieveking, Prof. am St. Mary's Hosp. und Herrn Dr. Burdon Sanderson, Prof. am Middlesex Hosp. meinen Dank abzustatten für die Bereitwilligkeit, mit der sie mich bei meiner Arbeit unterstützten.

Möge dieser dem ärztlichen Standesinteresse gewidmeten Schrift eine wohlwollende Beurtheilung zu Theil werden.

Berlin, im Januar 1869.

Dr. **Makower.**

§ 200. Strafgesetzbuch. Medizinalpersonen, welche in Fällen einer dringenden Gefahr ohne hinreichende Ursache ihre Hülfe verweigern, sollen mit Geldbuße von 20 bis zu 500 Thalern bestraft werden.

Es könnte kleinlich erscheinen, einen einzelnen Paragraphen der Strafgesetzgebung in seinen Beziehungen zu der Ausübung einer bestimmten Berufspflicht einer eingehenden Kritik zu unterwerfen und seine Aufhebung zum Brennpunkte der reformatorischen Bestrebungen auf einem so umfassenden Gebiete, wie es die Medicinalpflege einnimmt, zu empfehlen, um so kleinlicher, als diese gesetzliche Bestimmung nach der Ansicht Vieler nur der Ausfluß einer ganz selbstverständlichen humanitären Auffassungsweise des ärztlichen Berufes sein soll. Wenn sich jedoch eine solche legale Formel als das stärkste Glied einer ganzen Kette staatlicher Bevormundungen eines Standes darstellt, dessen Berufserfolge nur in der Sonne absoluter Befreiung von jedem äußeren Zwange gedeihen können, so ist es nicht blos Recht sondern Pflicht, die Agitation für die Medicinalreform in Preußen, oder sagen wir gleich in Norddeutschland, zunächst gegen die Beseitigung einer Bestimmung zu richten, die in ihrem Tenor ebenso deprimirend für den Stand als fruchtlos in ihren Folgen ist, wie wir dies näher auszuführen beabsichtigen.

Durch das Entfernen des stärksten der starken Ringe in der Kette der polizeilichen Beeinflussungen der Medicin löst sich die Kette selbst; das Publikum wird für die wünschenswerthe Emancipation der Medicin von staatlicher Oberhoheit vorbereitet, was wir im Interesse weiterer Reformen für geboten erachten, und die spätere Stellung der Aerzte im Staate wird eine andere, eine naturgemäßere und heilvollere werden. Das Publikum muß erst in Deutschland daran gewöhnt werden, den Arzt als einen freien Mann zu betrachten, der seine Handlungen und den Werth derselben selbst zu bestimmen hat, der nicht auf Schritt und

Tritt von drückenden staatspolizeilichen Vexationen betroffen wird, bevor es ihm den Rang und Einfluß einräumt, der ihm nach Lage der heutigen Verhältnisse und der Richtung der modernen Medicin mit Recht zukommt. Wie können wir deutschen Aerzte verlangen, daß uns der gebührende Einfluß auf die Verwaltung und Gesetzgebung zugestanden wird, wenn wir die gehorsamen Diener einer jeden Laune zu sein gesetzlich verpflichtet sind, wenn wir jeder Anforderung an unsere Zeit ohne Murren nachkommen müssen und die Compensation für unsern Zeitverlust in einer Weise bemessen ist, daß die große Mehrzahl von uns in der Sorge um den nothwendigen Lebensbedarf die heiligen Hallen der Wissenschaft nur selten betreten kann und in den geweihten Tempel unserer Kunst nur mit verschleiertem Haupte tritt!

Ich bedaure daher in diesem Punkte mit dem ebenso kenntniß- als geistreichen Verfasser der im Jahre 65 in der deutschen Klinik veröffentlichten Artikel über Emancipation der Medicin, Herrn Dr. Rohlfs in Bremen, nicht übereinzustimmen. Letzterer will die Emancipation nur in toto durchgesetzt wissen und fürchtet von einer theilweisen Entlastung des ärztlichen Standes nur halbe Maßregeln. So wenig es möglich ist, einen absoluten Staat in einen wahrhaft constitutionellen mit einem Schlage zu verwandeln, so wenig, glaube ich, wird es gelingen die Medicin mit einem Sprunge der staatlichen Polizei zu entreißen. Rohlfs bemerkt selbst sehr richtig,*) daß sogar Männer, die sich auf anderen Disciplinen der Medicin einen Namen gemacht, auf dem Parquetboden der Medicinal-Ordnungen straucheln (er meint Rokitansky), und wie sollten wir von einer zum größten Theile aus Laien zusammengesetzten repräsentativen Körperschaft erwarten, daß sie, in Vorurtheilen befangen und an alten Gewohnheiten mit Zähigkeit hängend, durchgreifend mit einem veralteten Systeme bricht und mit einem Stoße das ganze Gebäude der Medicinalverfassung niederreißt, das Jahrhunderte auf der bequemen Grundlage bureaukratischer Herrschaft gestanden. Es bleibt daher auch auf dem Medicinalgebiete, so sehr es zu beklagen sein mag, nichts Anderes übrig, als planmäßig nach und nach den einzelnen Beschränkungen zu Leibe zu gehen, welche der Staat sich gegen die Medicin und ihre Vertreter herausnimmt. Und in diesem Sinne scheint es mir praktisch, die Agi-

---

*) Deutsche Klinik 1865. Nr. 45.

tation zunächst vorzüglich oder gar einzig mit voller Kraft gegen die jenige Gesetzesstelle zu richten, welche die Freiheit des ärztlichen Individuums aufhebt. Diese Beschränkung scheint mir das Fundament zu sein, auf welchem die ganze Polizei der Medicin, wie Rohlfs sie treffend als Gegensatz zur Medicinalpolizei nennt, ruht; entfernen wir diese Basis, so stürzt mit der Zeit das ganze Gebäude. Mit der Herstellung der individuellen Freiheit der Aerzte bessert sich auch nothwendig ihre materielle Lage, und was ist mehr als diese geeignet, die soziale Stellung zu heben, was ein größerer Hebel für das Wachsthum des Einflusses? So wie es einzig richtig war, den Schwerpunkt des Verfassungswesens in dem Budgetrechte der Volksvertretung zu sehen, so ist venia sit in verbo die Aufhebung des § 200 in vielen Beziehungen das medicinische Budgetrecht, das wir einmüthig und unverdrossen zu erkämpfen haben. Die Medicinaltaxe, eine weitere polizeiliche Willkür des Staates über den Arzt, fällt sofort mit der Aufhebung der Verpflichtung zu jeder ärztlichen Dienstleistung, deren unvermeidliches Correlat sie darstellt, denn wenn ich zu einer Leistung gesetzlich gar nicht angehalten werden kann, so steht mir doch gewiß frei, dieselbe an Bedingungen zu knüpfen. — Ein weiterer Grund, weshalb die Aufmerksamkeit der ärztlichen Welt zunächst auf diesen Gegenstand zu richten ist, scheint mir der zu sein, daß m. W. nach dieser Richtung hin volle Einmüthigkeit herrscht. (S. Versammlung deutscher Naturforscher und Aerzte zu Dresden. Beschlüsse der medic. Sect. am 19., 22. und 23. September 1868.) Die andern Fragen der Medicinalreform, Freigebung der Praxis, Abschaffung der Examina, Freigebung des medicinischen Unterrichts, Aufhebung der Repressivmaßregeln gegen Quacksalberei, das Verhältniß der Pharmacie zur Medicin sind noch mehr oder weniger controvers und es hat sich aus dem Chaos der verschiedenen Verhältnisse eine allgemein giltige Ansicht noch nicht herauskrystallisirt, während in Bezug auf unsern Paragraphen nicht blos die Erfahrung anderer Länder maßgebend ist, sondern auch hervorgerufen durch die Motive eines Obertribunalserkenntnisses eine mächtige Bewegung in der ärztlichen Welt Preußens sich bereits kundgiebt. Davon legen die Petitionen des Vereins der Aerzte des Regierungsbezirks Cöln an das Abgeordnetenhaus, der Berliner Aerzte an den Reichstag des norddeutschen Bundes Zeugniß ab.

Vorstehende Erörterungen scheinen mir genügend dargethan zu

haben, daß der Kampf gegen die qu. zu Recht bestehenden Bestimmungen kein kleinlicher, des Standes unwürdiger ist, daß vielmehr das gesammte Standesinteresse an deren Beseitigung betheiligt ist. Folgende Ausführung scheint mir aber vor Allem geeignet zu zeigen, wie diese staatliche Bevormundung der Aerzte auch nicht ohne schädlichen Einfluß auf die Erfolge des ärztlichen Berufes geblieben ist. — Es kann nicht bezweifelt werden und wird von unbefangenen Deutschen zugestanden werden müssen, daß in Deutschland die Medicin bis heran mehr als Wissenschaft cultivirt worden ist, während in anderen Ländern mehr die künstlerische Seite unseres Berufes gepflegt wurde. Es liegt mir fern, unseren genialen Aerzten zu nahe zu treten, die durch die Verwirklichung großer Ideen auch auf dem practischen Gebiete sich wirkliche Verdienste um die medicinische Kunst erworben, indessen diese Ausnahmen erschüttern nicht die Regel. Es bleibt immerhin richtig, daß Deutschland vorwiegend die Stätte der theoretischen Cultur der Medicin war, ja zum Theil heute noch ist, während Frankreich und England überwiegend die practische Seite ausbildeten. Aber war dies nicht auch ganz natürlich bei der Stellung der Aerzte in Deutschland? Obgleich der Staat sich auch auf dem Gebiete der reinen Wissenschaft hie und da Uebergriffe zu Schulden kommen ließ und alleinseligmachende Theorieen aufstellte, selbst in der neuesten Zeit noch zögernd die Resultate der Wissenschaft anerkannte, und mindestens die Verbreitung derselben im allgemeinen Interesse nicht gerade förderte (ich erinnere hier nur an die Haltung gegenüber der Trichinenfrage), so konnte er bei der noch aus dem Mittelalter herdatirenden Einrichtung unsrer Universitäten und der beispiellosen Anspruchslosigkeit unsrer Gelehrten an das Leben die Cultur der Wissenschaft nicht hindern. Die Wahrheit als das Endziel aller wissenschaftlichen Bestrebungen bricht sich eben Bahn trotz aller äußeren Hindernisse; anders aber ist es mit der Kunst. Sie verträgt keinen Druck irgend welcher Art, zu ihrem Gedeihen gehört die vollständigste Freiheit des künstlerischen Individuums. Wie manchen genialen, wenn auch vielleicht nicht nach der Schule zugestutzten Arzt würden wir mehr aufzuweisen haben, wenn die Ausübung unsrer Kunst nicht an drückende Formen geknüpft wäre, denen sich ein gebornes Genie bekanntlich sehr ungern unterwirft; wenn der Werth des ärztlichen Kunstprodukts nicht bei uns staatlich ein für alle Male bestimmt wäre, gleichviel ob die Leistung eine originelle, bedeutende oder ob sie eine mittelmäßige oder gar verfehlte ist! Andre Künste erfahren neben ihrer absoluten Freiheit sogar noch fördernde Unterstützung vom Staate, weil derselbe sich der veredelnden und sittlichenden Einwirkung der Künste vergewissern will; nun warum hier so viel Licht und dort so viel Finsterniß? Oder ist es nicht eine Kunst, durch geistreich erdachte Operationsmethoden Menschenleben zu erhalten, das nicht bedrohte Leben angenehmer zu gestalten? Ist eine gelungene plastische Operation kein Kunstwerk, ist die Entfernung gefahrdrohender Geschwülste aus der Tiefe der Organe etwa eine geringere künstlerische Leistung als irgend eine andre? Freilich glaubte man bei der Medicin die Wissenschaft stets in erste Reihe stellen zu müssen und die medicinische Kunst ihr nachzusetzen, weil man davon ausging, daß die letztere ohne die erstere nicht denkbar sei. Aber wie ist es mit den andern Künsten? Zugegeben, daß in der Medicin die Kunst sichtlich mehr im Zusammenhange mit der Wissenschaft steht, als z. B. in der Musik, in der Malerei, so ist doch auch bei schöpferischen Leistungen dieser Künste die Wissenschaft nothwendiges Requisit. Aber selbst wenn das Verhältniß der medicinischen Wissenschaft und Kunst ein andres, ist dies ein Grund, sie anderen Künsten nachzusetzen und auf sie eine staatliche Oberhoheit auszuüben? Ist diese Erwägung allein schon hinreichend, den Druck, der auf der praktischen Ausübung der Medicin lastet, als einen ungerechtfertigten hinzustellen, so erübrigt uns jetzt zu zeigen, wie die Verpflichtung zu jeder ärztlichen Dienstleistung und die Taxirung derselben durch die Staatsorgane weder vom juristischen Standpunkte gerechtfertigt werden kann, noch auch im Entferntesten den Zweck erreicht, der dem Gesetzgeber wahrscheinlich bei Emanirung des Gesetzes vorgeschwebt hat.

Was zunächst die juristische Seite dieser Frage betrifft, so bekennt Verfasser gern, daß er ein Laie auf diesem Gebiete ist, kann aber doch nicht umhin, in der Verpflichtung des Arztes jedem Rufe nach ärztlicher Hülfe zu folgen, ein legislatorisches Unicum zu finden. Unzweifelhaft liegt dem Gesetze eine humane Tendenz zu Grunde; man sagte sich ganz einfach, diejenigen Personen, welchen wir nach so und so viel Prüfungen das leibliche Wohl und Wehe unserer Mitbürger anvertrauen, müssen verpflichtet sein, in Fällen dringender Gefahr und da das hülfesuchende Publikum nie wissen kann, ob Gefahr vorhanden ist oder nicht, demgemäß in allen Fällen handelnd und rathend mit ihrem privilegirten Wissen zum Wohle des Leidenden einzustehen. Diese Verpflichtung, sagt man weiter, ist nur eine selbstverständliche, eine menschliche, und sollte ein Arzt so pflichtvergessen sein, ohne genügenden Grund seine Hülfe zu verweigern, so ist er geradezu straffällig; er soll durch die Strafe das herzlose, gebildeter Menschen unwürdige Benehmen sühnen. — Bei der Kritik dieser Argumente dürfen wir uns selbstredend nicht auf einen nihilistisch medicinischen Standpunkt stellen; wir müssen annehmen, ob mit Recht oder Unrecht gleichviel, daß ein ärztlicher Besuch dem Patienten jeder Zeit Vortheil bringt. Aber wo in aller Welt, frage ich, besteht ein Gesetz, daß die Menschen gut, human sein müssen, und wenn sie es nicht sind, daß sie bestraft werden? Gesetze haben doch meines Erachtens nur den Zweck, die öffentliche Wohlfahrt und Ordnung anf allen Gebieten des Lebens zu erhalten; sie können doch höchstens Prohibitivmaßregeln gegen directen Schaden sein, der der Gesellschaft oder dem Einzelnen zugefügt wird, nun und nimmermehr aber zum Zwecke haben, den Einzelnen zu moralisiren und ihn zu verpflichten, der Gesammtheit oder dem Einzelnen directen Nutzen zu verschaffen. Wir stimmen vollständig damit überein, daß jeder Arzt strafbar ist, der durch einen Kunstfehler seinem Patienten nachweisbaren Schaden zugefügt hat, können aber doch nicht zugeben, daß er strafbar sei, wenn er durch Unterlassung einer Handlung ihm nicht nachweisbaren Vortheil gebracht hat. Wohin würde eine solche Praxis konsequent auf alle Stände angewendet führen? Es ist gewiß inhuman einen Menschen leiden zu sehen, ihm helfen zu können und aus irgend welchen nichtigen Motiven die Hülfe zu verweigern; wir sind weit entfernt, eine solche Handlungsweise in Schutz zu nehmen, aber ist es nicht ebenso inhuman einen Menschen hungern zu sehen und ihm die Nahrung nicht zu gewähren? Wo ist aber das Gesetz, das Jemanden bestraft, der den hungernden Bettler von der Thüre verjagt!? Ist es nicht ebenso inhuman, dem Frierenden die erwärmende Kleidung zu versagen, die man ihm vielleicht bieten kann und wo ist der Paragraph, der einen so unbarmherzigen Menschen bestraft!? Ist es nicht verabscheuenswerth, daß ein Schwimmer einen Menschen ertrinken läßt, den er retten kann und wo, frage ich wiederholt, existirt das Gesetz, das ein solches Scheusal züchtigt!? Ich könnte die Consequenzen, welche nothwendig durch diese humanisirende Auffassung des § 200 bedingt sind noch weiter ausführen, glaube aber, daß es der Beispiele genug. Aber, wird man mir einwenden, bei den Aerzten liegt die Sache anders. Der Staat gewährt ihnen bei uns ein Privilegium Kranke zu behandeln und schützt sie in ihren Rechten vor der Afterweisheit der Quacksalber; wo nun Rechte verliehen sind, können Pflichten verlangt werden und besonders so selbstverständliche für gewissenhafte Jünger des Aesculap. — Wir bekennen nun, daß wir grundsätzlich keine Anhänger dieses Privilegs sind, selbst wenn es sich praktisch durchführen ließe, indessen dies ist eine Frage, welche die Freigebung der Praxis berührt und nicht hieher gehört; aber selbst Anhänger desselben werden doch zugeben, daß ein solches Privileg bei uns nur auf dem Papiere steht und thatsächlich nicht existirt. Die Handvoll kleinlicher Prozesse gegen Quacksalber, Schäfer und alte Weiber, welche jährlich eingeleitet werden, sind doch kein Gegengift gegen die Unzahl von sich breit machenden Universal- und Geheimmitteln mit und ohne obrigkeitliche Genehmigung, die nicht selten durch ihre Reklamen mit erstaunlicher Frechheit unter den Augen der Behörden dem sogenannten privilegirten Stande der Aerzte Concurrenz machen! Ueber dieses Thema noch Worte zu verlieren hieße Eulen nach Athen tragen. Es ist heute allgemein anerkannt, daß der Staat, selbst wenn er dazu berechtigt wäre und wenn es wohlgethan wäre, was wir, wie gesagt, Beides nicht zugeben können, gar nicht im Stande ist dem Arzte ein so weitgehendes wirksames Privileg zu verleihen. Die Quacksalberei ist nun einmal nicht zu verhindern und es ist deshalb einzig richtig, sie nur soweit zu verfolgen, als sie direkten Nachtheil stiftet d. h. sie unter die allgemeinen Criminalgesetze zu stellen. Es könnte ferner behauptet werden, daß gesetzlich dem Arzte gewisse Vorrechte eingeräumt sind in Bezug auf die Geltendmachung seiner Honoraransprüche Das einzige wirkliche Privileg ist die Priorität bei Concursen, die er mit den Beamten, Dienstboten rc. theilt. Auf dieses Vorrecht hin, auf das der ärztliche Stand übrigens gern verzichten würde und das seine Entstehung wohl auch andren Motiven verdankt als dem Schutze des ärztlichen Standes, wird man doch wohl im Ernste nicht eine so weit tragende Pflicht gründen wollen!? Oft genug wird man aber bei Vertheidigung des qu. Paragraphen darauf hingewiesen, daß der Arzt ja für geleistete Dienste ein Honorar beanspruchen kann und daß ihm ein Klagerecht gegen Renitente zusteht. Ist Nichts vorhanden, so hat selbst der Kaiser sein Recht verloren, natürlich auch der Arzt, also solche Verluste theile er mit jedem andern Stande. Diese Begründung ist geradezu ein Hohn, denn die Klage ist erstens kein Privileg des Arztes, sondern steht jedem andern Stande gleichfalls zu, sodann ist sie selbst wenn erfolgreich ein sehr zweischneidiges Schwert, und was die Hauptsache ist, gegen Zahlungsunfähige kann sich der Arzt eben durch besagten Paragraphen nicht schützen. — Wir kommen im weiteren Verlaufe auf diesen Punkt zurück, bemerken aber hier schon, daß unsre Armen- und Fabrikseinrichtungen allein kein Schutz des Arztes sind; die große Klasse der nicht zahlungsfähigen, aber dennoch nicht gerade auf den Armenlisten Aufgeführten oder zu Fabrikarbeitern Gehörenden, bildet das Hauptcontingent derer, die vom Arzte unentgeldlich behandelt werden müssen. Man hat nun endlich, es sei diese Bemerkung hier eingeschaltet, zur Rechtfertigung der medicinischen Taxen dieser nothwendigen gesetzlichen Ergänzungen unsres Paragraphen angeführt, daß die Taxe ja nur für streitige Fälle vorhanden, daß aber im Uebrigen der Arzt berechtigt wäre, für seine Leistung zu beanspruchen was ihm beliebt. Diese Auffassung der medicinischen Taxe Seitens der Behörden als einer nicht obligatorischen hat es allerdings zu Wege gebracht, daß sie selbst noch auf dem Papiere besteht, und zwar blos deshalb, weil besonders in größeren Städten, aber auch oft in kleineren, sie von den Aerzten nicht beachtet wird und das Publikum von ihrer Existenz kaum weiß. Desto ungerechter aber erweist sie sich da, wo die ärztlichen Klagen häufiger, in kleinen Städten und auf dem Lande, wo die Taxe sehr genau gekannt ist. Ich abstrahire hier ganz von der höheren Erwägung, daß man doch Nichts zu fordern berechtigt sein sollte, was der Richter im Falle der Weigerung nicht zuerkennt; solche Forderungen machen in streitigen Fällen nothwendig den Eindruck der Ausbeutung. — Es fallen also auch alle diese Einwände vor der Macht der Thatsachen, und ich muß es den Juristen überlassen, weitere Argumente beizubringen, wodurch sie eine so exceptionelle Maßregel gegen einen einzelnen Stand, wie sie § 200 darstellt, die kein Analogon bei anderen Ständen findet, zu rechtfertigen. Die Verpflichtung der Rechtsanwälte zu Officialvertheidigungen könnte als Analogon vielleicht betrachtet werden, indessen besitzt der Anwalt nach heutiger Lage der Verhältnisse ein wirkliches Privileg; die Zahl der Anwälte ist beschränkt, die Advokatur ist eben nicht frei und als beste Illustration, wohin selbst mit dem Privileg diese Verpflichtung der Anwälte führt, zeigte vor einigen

Jahren in Berlin die Idee, einen Rechtsschutz-Verein zu gründen. Sapienti sat.

Sehen wir aber von dem reinen Rechtsstandpunkte ab, der wenn es sich um Fragen des allgemeinen Wohls handelt, bekanntlich „höherer Rücksichten" wegen häufiger durchlöchert wird und untersuchen wir nun, ob die qu. Strafandrohung dem Publikum wirklich den Nutzen bringt, den sie zu bringen bestimmt ist. Es sei mir zunächst gestattet, hier einige Bemerkungen anzuführen, die aus dem Leben gegriffen sind. Die Spitze dieser unheilvollen Bestimmung richtet sich erfahrungsmäßig besonders gegen den practischen Arzt in den Provinzialstädten und auf dem Lande, der ohnehin durch seinen Beruf unverhältnißmäßig mehr körperlich in Anspruch genommen wird als der besser situirte College in den größeren Städten oder gar der Residenz, und trifft die sogenannte Autorität, den Specialisten 2c. gar nicht. Die Gründe sind naheliegend. Das Publikum hat sich gewöhnt, gegen Letztere rücksichtsvoller zu sein; es schont die nächtliche Ruhe des hochgestellten, hochbetitelten oder im Wohlstande lebenden Arztes viel mehr, als die Ruhe dessen, von dem es sich durch Entrichtung des taxmäßigen Honorars aller weiteren Verpflichtung enthoben fühlt und den es deshalb zum Spielballe seiner Laune machen kann. Es herrscht ferner eine gewisse Scheu, solche besser situirten Aerzte vor das Forum des Staatsanwalts zu ziehen, wenn sie einmal Hülfe verweigern aus Motiven, die der Hülfesuchende nicht anerkennen kann; es ist dies jene bekannte Melodie, nach der man nur die kleinen Diebe hängt, während man die großen laufen läßt. Es ist mir kein Fall bekannt, wo man einem renommirteren Arzte den Prozeß wegen dieses Vergehens gemacht hätte, während doch nicht anzunehmen, daß die Pflichttreue ihnen besonders eigenthümlich, da diese ein Attribut des Charakters ist und nicht der Befähigung, ja mir ist sogar eine Reihe sehr befähigter Specialisten bekannt, die grundsätzlich nicht außerhalb ihres Hauses oder Spitales behandeln, und wenn dies geschieht, es als eine besondere Vergünstigung ansehen. Von der Berücksichtigung der preußischen Medicinaltaxe seitens unserer Coryphäen und Specialisten will ich aus Ehrfurcht vor ihnen schweigen; ich will annehmen, daß sie dieselbe lange nicht gelesen haben. Von meinem Standpunkte aus kann ich ihnen diese Freiheit ihres Handelns gewiß nur erhalten wünschen, aber was dem Einen recht, sollte dem Andern billig sein. Sobald Staatsexamina vorhanden, darf nach Ablegung der Prüfung kein Unterschied gemacht werden. Das Publikum macht diesen Unterschied, zeigt also, daß es gesetzliche Formen ignorirt und dem Arzte von Ruf und Wissen mehr Rücksicht und Honorar vindicirt wie der goldenen Mittelmäßigkeit. Warum aber dem Laienpublikum dieses Urtheil allein überlassen? In letzter Instanz wird es freilich durch Zuwendung seines Vertrauens immer entscheiden, der Arzt wird aber doch immerhin in der Lage sein, auch für ein gutes Theil selbst Schmied seines eignen Glückes zu sein. Um Ungerechtigkeiten seitens des Publikums möglichst auszugleichen, wäre allerdings auch erforderlich, daß der Staat die leeren ärztlichen Titulaturen abschafft, welche einen künstlichen Unterschied unter den ärztlichen Collegen schaffen, den zu characterisiren mir ein erlaubter publicistischer Ausdruck fehlt. Es ist dies ein Mißstand bei uns, von dem man in Frankreich oder in England gar keine Vorstellung hat; was der Charakter eines Geheimen Sanitätsrathes oder eines Geheimen Hofrathes ist, würde man einem Engländer vergeblich klar zu machen suchen. Doch gestehen wir es nur — es verschuldet der Staat diesen Uebelstand nicht allein; die Aerzte sind selbst wesentlich daran betheiligt. So ein schönes Titelchen übt in Deutschland noch auf Viele eine unüberwindliche Anziehungskraft aus und ist man im Besitze desselben, so fühlt man sich eben ein klein wenig mehr als der schlichte College. In England ist der höchste ärztliche Titel der von einer der Universitäten auf Grund eines Examens erlangte Doctortitel und das Prädicat fellow of the royal college of physicians oder fellow of the royal college of surgeons, d. h. die stimmberechtigte Mitgliedschaft dieser Collegien. Diese Eigenschaft involvirt nur das Recht, hinter seinem Namen anstatt der Buchstaben m. (member) r. c. p. oder m. r. c. s. die Buchstaben f. (fellow) r. c. p. oder f. r. c. s. zu setzen. Auch wird diese Würde nicht etwa wie bei uns durch die Krone ertheilt, welcher die Behörden die erforderlichen Vorschläge machen, sondern die fellows des Collegs der Londoner Aerzte und Chirurgen rekrutiren sich selbst aus den Mitgliedern derselben Collegien, und Mitglied dieser Collegien kann Jeder werden, der ein Examen bei der betreffenden Körperschaft ablegt, welches zu gleicher Zeit zur Praxis berechtigt. Also nur Kenntnisse bedingen den Doctortitel, bedingen die Mitgliedschaft des r. c. p. oder des r. c. s., während hervorragende Leistungen auf dem Gebiete der Medicin oder sonstige Verdienste die Wahl zum stimmberechtigten Mitgliede ermöglichen, das

Prädikat fellow ertheilen. Das englische Publikum weiß aber in den meisten Fällen von diesen Prädicaten des Arztes Nichts; für dasselbe existirt nur Mr. oder Dr. X. oder Y., unter den Aerzten weiß man allerdings, daß die fellowship einer der genannten Gesellschaften Zeichen einer von den Collegen anerkannten Wirksamkeit ist. Uebrigens wird auch diese Würde, wenn man es so nennen darf, nicht umsonst ertheilt, sie kostet dem Inhaber 30 Guineen ohne Stempelgebühren,*) also über 210 Thlr., schon ein niedliches Sümmchen für das Recht ein f. statt eines m. auf seine Karte zu setzen. Kehren wir nach dieser Episode zu unserem Gegenstande zurück. —

Man wird es nicht anmaßend finden, wenn ich behaupte, daß der ärztliche Stand in Preußen zu einer gesetzlichen Bestimmung, wie die uns beschäftigende, in seinem Verhalten gegen das Publikum keinen Anlaß gegeben hat. Der Staat kann in der That trotz der precären Stellung der Aerzte mit Genugthuung auf ihre Wirksamkeit blicken; mit wenigen Ausnahmen wird mit Gewissenhaftigkeit, Fleiß und Humanität gearbeitet und zahlreiche Beispiele zeigen, daß der Arzt bei uns im Frieden wie im Kriege selbst sein Leben für seine Berufspflicht und Ehre auf das Spiel setzt. Ich erinnere statt vieler Beispiele nur an die Haltung der Aerzte in den letzten Kriegen, die durch eine endliche Erhöhung des Ranges der Militärärzte anerkannt wurde und in den letzten Epidemieen. Cholera und Typhusepidemieen haben manchem preußischen Arzte in der Ausübung seines Berufes das Leben geraubt und so Mancher von den Dahingegangenen hat seine Familie in drückenden Verhältnissen zurückgelassen, so daß das Mitleid der Collegen angeregt werden mußte. Man denke nur an die ärztlichen Opfer der Typhusepidemie in Ostpreußen, um zu begreifen, daß die Staatsregierung alle Veranlassung hätte, selbst die Initiative zu ergreifen, um eine so rücksichtslose Bestimmung einem so pflichtbewußten Stande abzunehmen. Jeder Stand indessen, wird man entgegnen, hat seine unsaubern Elemente und es läßt sich sicher nicht leugnen, daß auch der ärztliche Stand nicht frei davon ist. Gegen diese kleine Anzahl gerichtet, behaupte ich, ist das Gesetz ganz ohne Wirkung. Zunächst muß doch zugegeben werden, daß ein ärztlicher Besuch, eine ärztliche

*) v. Charter, bye-laws and regulations of the royal college of physicians of London 1862. S. 79. 13. „Of fees.“

Hülfsleistung nur dann von Werth sind, wenn sie mit Umsicht und Sorgfalt ausgeführt werden; eine oberflächliche, gleichgültige Behandlung der Patienten wird im besten Falle Nichts schaden, nützen wird sie gewiß Nichts. Nun liegt es aber in der menschlichen Natur, daß gezwungene, unfreiwillige Handlungen mit Unwillen ausgeführt werden; ein Arzt, der nicht aus eignem Pflichtgefühle sich des Hülfsbedürftigen annimmt, sondern gesetzlich dazu gezwungen wird, wird sich so bald wie möglich seiner zu entledigen suchen; er wird ihn mit einem Recepte oder einem Verbande abfertigen und damit seine Schuldigkeit gethan zu haben glauben. Dies wäre noch der Fall, wo der betreffende Arzt der Requisition überhaupt nachkommt; in vielen Fällen wird er sie aber aus irgend einem Grunde ablehnen, dessen Stichhaltigkeit von der Staatsanwaltschaft oder den Gerichten gar nicht mit Erfolg angezweifelt werden kann. Er fingirt eben irgend eine Krankheit oder eine andere dringende Abhaltung und geht vielleicht noch, wie es vorgekommen ist, mit hohen Schuhen aus einer Untersuchung hervor, die seine ärztliche Ehre compromittiren sollte. Was soll es denn überhaupt heißen, wenn das Gesetz sagt: in Fällen „dringender Gefahr" soll „ohne hinreichende Ursache" Hülfe nicht verweigert werden. Fälle dringender Gefahr sind nach Ansicht der Laien erfahrungsmäßig neun zehntel aller Erkrankungen, und eine „hinreichende Ursache" ist doch ein gar zu elastischer Begriff, der in allen Fällen das Urtheil über unsre Berufsehre in die Hände von Laien legt und wären es selbst studirte Juristen! Sind Kopf- oder Zahnschmerzen hinreichende Ursache und wie will der Arzt die Anwesenheit derselben beweisen, der Hülfesuchende die Abwesenheit behaupten? Es giebt selbst vorübergehende Kopfschmerzen, die zu jeder geistigen oder körperlichen Arbeit unfähig machen und es giebt deren, die keinen Grund abgeben dürften, einem Menschen in der Noth nicht beizustehen. Wer will da die Grenze ziehen, wenn man dem Arzte nicht auf sein Wort glaubt? Eine Entscheidung wird aber immer unmöglich sein, wenn der Angeklagte sich blos mit subjektiven Beschwerden, die ihn verhindert haben, entschuldigt; eine objektive Untersuchung des Verklagten durch andre Aerzte zu verlangen, um den Thatbestand festzustellen, würde meistens gleichfalls kein Resultat ergeben, sodann hieße das doch die Sache auf die Spitze treiben; es wäre dies nicht mehr eine Polizei der Medicin es wäre eine Tyrannei. Gegen gewissenloses ärztliches Verhalten giebt es kein andres Forum als die öffentliche Meinung; gesetzliche

Strafen sind wirkungslos, wo nur die freiwillige Handlung faktischen und moralischen Werth hat. Wir werden weiter unten sehen, in welcher Weise man in England herzlosen Aerzten zu Leibe geht; ich halte die dort übliche Denunziation dem Publikum gegenüber für einen wirksameren Schutz als so und so viel Thaler Strafe. Außerdem ist nicht zu übersehen, daß der Staat keine Berechtigung hat, einem einzelnen Stande Verpflichtungen aufzuerlegen, welche der gesammten bürgerlichen Gesellschaft obliegen. In England betheiligt sich, wie wir sehen werden, das ganze Volk an der Aufgabe, den kranken Mitbürgern zu helfen; es wälzt die Last nicht auf die Schultern der Aerzte allein, sondern diese tragen nur wie jeder andere Stand nach Kräften bei. Daher dort im Großen und Ganzen die Zufriedenheit der Aerzte mit ihrem Loose und die Zufriedenheit des Publikums mit den Aerzten. Es herrscht vollständige, gegenseitige Freiheit; dies ist aber auch wesentliche Bedingung für den Arzt, wenn anders er seinen Beruf mit Freudigkeit ausüben soll. Was ist nun also der praktische Werth dieser Strafandrohung? Gegenüber dem gewissenhaften Arzte überflüssig, zeigt sie sich ohnmächtig gegen den pflichtvergessenen, und hat schließlich weiter keinen Effekt, als dem treuen Arzte seinen Beruf dadurch zu verleiden, daß ihm stets das Damoklesschwert der Staatsanwaltschaft über dem Haupte hängt und seine Berufsehre jeder beliebigen Person preisgegeben ist, denn schon die Einleitung einer gerichtlichen Untersuchung genügt, den Arzt in den Augen des Publikums herabzusetzen und bringt ihm in allen Fällen empfindlichen Schaden bei. Daß sich das Ehrgefühl der preußischen Aerzte bis heran nicht mehr gegen solche Zumuthungen empört hat, als geschehen, liegt nur in dem Umstande, daß das gebildete Publikum vernünftiger ist als der Gesetzgeber es war, und alle diese Bestimmungen ignorirt, und daß die Aerzte es vielleicht aus Mangel an einheitlicher Organisation verschmäht haben, ihre allgemeinen staatsbürgerlichen und besonderen Berufsrechte geltend zu machen. Jeder Arzt, den seine Praxis nicht blos zu dem gebildeten Publikum führt, hat es wohl hören müssen, wenn er über unnütze oder gar frevelhafte Ansprüche an seine Zeit unwillig wurde, daß man ihm kurz erwiderte: „Sie werden ja bezahlt, Sie müssen kommen, wozu sind Sie denn da?" — und wie andere derartige erbauliche Redensarten lauten. Ich kann aber doch nicht annehmen, daß die gesetzgebenden Factoren bei uns eine solche Auffassung des ärztlichen Berufs theilen, den Arzt zum Sklaven seiner

Clienten machen und ihn hülfslos den Chicanen ungebildeter oder gar trunkener Personen überliefern wollen? Gewiß nicht!

Reihen wir nun hieran die Besprechung der einschlagenden Verhältnisse in England, wo eine so drakonische Formel nicht existirt, und wo Publikum und Arzt m. Er. keinen Grund haben, dieselbe zu vermissen. Wir werden diese naturgemäß in zwei Abschnitte zu theilen haben; im ersten werden wir auseinanderzusetzen suchen, wie den berechtigten Bedürfnissen des Publikums bei vollständiger, individueller Freiheit der Aerzte genügt wird und wie das Verhältniß zwischen Arzt und Publikum sich hier gestaltet hat, im zweiten, wie das ärztliche Standesinteresse gewahrt ist.

Vor Allem bemerken wir hier, daß auch wir den Grundsatz verfechten, der ein einfaches Postulat der Humanität und der Civilisation ist. daß jedem unbemittelten Leidenden ärztliche Hilfe in möglichst ausgiebigem Maße zu Theil werde. Man kann nach dieser Richtung hin wohl zu wenig, aber nie zu viel thun, nur muß man sich die Lösung einer so schwierigen, sozialen Aufgabe nicht so leicht machen wie unser Gesetzgeber, indem er einem einzelnen, dabei betheiligten Stande einfach bei Strafe die Verpflichtung auferlegt, einem sozialen Uebelstande abzuhelfen. Die gesammte Gesellschaft muß sich an dieser humanen Aufgabe betheiligen, denn nur durch das Zusammenwirken der verschiedensten Institutionen und Kräfte kann hier etwas Gedeihliches geleistet werden. Die einzigen Institutionen, welche in Preußen dem ärztlichen Stande seine Aufgabe erleichtern sollen und ihm einen Schutz gegen übertriebene Anforderungen gewähren, sind die gesetzlich bestehende Verpflichtung der Communen, Armenärzte anzustellen und der Fabriksherren sowie der Eisenbahngesellschaften, Krankenkassen für ihre Arbeiter resp. Angestellten einzurichten. Den Armenärzten liegt, meines Wissens, die gesammte medicinische, chirurgische und geburtshülfliche Behandlung der notorischen Armen ob, zu denen die große Masse der aus öffentlichen Fonds unterstützten Personen gehört, so wie diejenigen Personen, welche dem Arzte speziell von den Mitgliedern der Armencommission als zahlungsunfähige bezeichnet werden. Die angestellten Armenärzte haben außerdem, wenigstens in einzelnen Theilen der Monarchie, das zeitraubende und lästige Impfungsgeschäft zu besorgen, über das sie an die Physiker des Kreises Bericht zu erstatten haben und das von der Regierung überwacht wird. Sie sind in kleineren Städten zu gleicher Zeit die Sachverständigen der Ortsbehörde, der sie Gutachten sowohl über allgemeine Sanitätsfragen wie über die Gesundheit Einzelner, soweit dieselbe das Budget der Commune belasten kann, abzugeben haben. Außerdem liegt ihnen die Verpflichtung ob, vierteljährliche Berichte abzustatten an die Kreisphysiker über etwa vorhandene epidemische Krankheiten, über den herrschenden Krankheitsgenius &c. Für diese zeitraubende und ausgedehnte Thätigkeit wird ihnen meist ein Honorar ausgeworfen, das in gar keinem Verhältnisse zu den geforderten Leistungen steht. Aufmerksame Leser der Kölnischen Zeitung werden in derselben die Ausschreibung solcher Stellen häufig mit einem Gehalte von nicht mehr als 50 Thlr. gefunden haben, wobei ich übrigens nicht selten noch gelesen habe, daß dieser oder jener Magistrat in X oder Y es sich hat einfallen lassen, als conditio sine qua non der Anstellung ein bestimmtes Glaubensbekenntniß des Candidaten zu verlangen. Da Letzteres indessen eine entschieden ungesetzliche Handlung ist, so erwähnen wir dies nur als characteristisch für manche Verhältnisse in Deutschland. Bemerken müssen wir jedoch hier, daß durch die Anstellung der Armenärzte andre Aerzte nicht etwa der Verpflichtung enthoben sind, in Abwesenheit des Armenarztes oder bei dringenden Veranlassungen Hülfe zu leisten. Es steht ihnen allerdings das Recht der Liquidation für solche Hülfsleistungen an die Commune zu, der Weg der Geltendmachung ist aber in der Regel ein so umständlicher, daß meistens davon abgestanden wird. Wir wollen indessen bei der Behandlung notorisch Armer das gewöhnlich geringe Honorar unsrer Armenärzte nicht urgiren; dasselbe ist sehr erklärlich, da es aus Communalmitteln bestritten wird und die Communen in der Regel allen Grund zur Sparsamkeit haben, nur möchte ich wünschen, daß die Einsicht bei den Behörden Platz greift, es handle sich hier nicht blos um eine Wohlthätigkeitsmaßregel, sondern auch um ein materielles Interesse der Commune im eminentesten Sinne des Wortes. Die vernünftige, aufmerksame Pflege der Gesundheitsverhältnisse des Proletariates einer Stadt oder eines ländlichen Distrikts bedingt wesentlich die Gesundheitsverhältnisse der *ganzen* Bevölkerung, diese wiederum die Mortalitätsziffer, die Erwerbsfähigkeit und Steuerkraft. Communen also, die Mittel zu andern Zwecken haben, welche sie als das materielle Wohl fördernd ansehen, sollten meines Erachtens nicht ihre Sparsamkeit grade in diesem Verwaltungszweige zur Schau tragen. In England ist die Armenpflege erheblich anders organisirt wie bei uns. Es besteht bekanntlich auf der britischen Insel ein besonderes Armenministerium (poor law board), dessen Chef Mitglied des Staatsministeriums ist, und der, je nachdem Liberale oder Conservative im Amte sind, gleichfalls wechselt. Unter dem gegenwärtigen Ministerium Gladstone bekleidet Herr Göschen, deutschen Ursprungs, diese Stelle. Ihm zur Seite stehen die „poor law commissioners“, welche die Angelegenheiten dieses Ressorts bearbeiten und im Unter- und Oberhause werden „committees of the poor law“ je nach Bedürfniß gewählt, um einschlägige Fragen zu diskutiren und im Plenum zur Entscheidung zu bringen. Jährlich wird ein Bericht der poor law commissioners gedruckt dem Parlamente vorgelegt, das bei der Budgetfrage denselben zu diskutiren hat. Es ist dies wesentlich ein Nachweis der Einnahmen und Ausgaben und mithin für uns hier ohne Interesse. Das ganze Land ist in „Unions“ eingetheilt und diese wiederum in „parishs“; ein parish ist aber nicht etwa als Kirchensprengel zu betrachten, d. h. als ein rein kirchlicher Bezirk, sondern es ist dies eine politische Eintheilung, welcher die Steuererhebung für Communalzwecke und auch ganz besonders die Armenpflege anheimfällt. An der Spitze des parish steht der „overseer“, ihm zur Seite der „clerk“; in jedem parish werden nun nach einem bestimmten Modus jährlich „guardians“ gewählt. Es würde zu weit führen und ist für unsre Frage ohne Interesse, in die Détails des Wahlmodus, der Zahl, der Constituirung der Guardians und ihrer Geschäftsführung einzugehen;*) es genüge hier zu wissen, daß diese guardians ungefähr unsern Stadtverordneten entsprechen. Jeder parish legt seine Armensteuer, welche die Aerzte so gut wie jeden andern Stand trifft, nach dem Bedürfnisse selbst um, so daß die Armensteuer danach sehr verschieden ausfällt. In London, wo ganz exceptionelle Verhältnisse vorhanden sind, und in einem Bezirke mehr die Aristokratie ihren Wohnsitz hat während in einem

---

*) s. General orders of the poor law commissioners now in force; offizielle Ausgabe von William G. Lumley Esq. assistant secretary of the poor law commissioners London 52 (30 Fleet Str. Ch. Knight).

andern sich mehr das Proletariat anhäuft, hat diese sehr bedeutende Ungleichheit derselben Steuer gegenwärtig eine Agitation hervorgerufen, die eine einheitliche Besteuerung für Armenzwecke in der ganzen Stadt und nicht mit Unrecht verlangt. Den parishs fällt nun auch die Sorge für die erkrankten Armen zu, denen außer Geldunterstützung auch freie ärztliche Behandlung und Arznei gewährt wird; sie führen die Armenlisten und weisen dauernd hülfsbedürftige Kranke sowie ausnahmsweise unentgeltlich zu Behandelnde dem Armenarzte zu, auch steht ihnen frei die Kranken in Hospitäler, Arbeitshäuser 2c. unterzubringen. Das Collegium der guardians mit seinem Vorsitzenden, dem chairman, wählen den Armenarzt. Eigentlich soll für jeden parish ein medical officer vorhanden sein; häufig ist es indessen, besonders auf dem Lande, unausführbar, so daß mitunter ein ganzer Distrikt „Union" oder mehrere parishs nur einen Arzt haben. Wählbar zu Aerzten sind nur die qualifizirten ärztlichen Personen, die als solche registrirt sind in dem offiziellen Register, das jährlich von dem Registrator des „general medical council of medical education and registration of the united Kingdom", der höchsten medicinischen Behörde des Landes, publicirt wird. Demgemäß können gewählt werden:

1) Alle diejenigen, welche ein Diplom oder den Grad als surgeon (Chirurg) von einem Königlichen Colleg oder einer englischen, irischen oder schottischen Universität erlangt haben mit einem Diplom in der Medicin von einer englischen Universität oder mit dem Grade als licentiate des royal college of physicians of London.
2) Ein Diplom oder den Grad als surgeon von einem Königlichen Colleg oder einer englischen, irischen oder schottischen Universität mit einem Zeugniß practiciren zu dürfen, welches die Gesellschaft der Apotheker in London ausgestellt hat.
3) Ein Diplom oder den Grad als surgeon von einem Königlichen Colleg oder einer englischen, irischen oder schottischen Universität, wenn solche vor dem 1. August 1815 als Apotheker practicirt haben.
4) Angestellte Militair- und Marineärzte oder ihre Assistenten und Apotheker, welche vor dem 1. August 1826 practicirt haben.*)

Diese Daten habe ich deshalb angeführt, weil sie im Wesentlichen alle Personen einschließen, welche in England das Gesetz als Aerzte anerkennt unbeschadet der Freiheit der Praxis. Wir kommen auf diesen Punkt bei Besprechung des Verhältnisses zwischen Arzt und Publikum

*) S l. c. pag. 214 u. 215.

ausführlicher zurück. — Jeder Armenbezirk darf nun gesetzlich die Zahl von 15,000 Einwohnern nicht übersteigen; aus leicht faßlichen Gründen bleibt die Zahl, besonders in den Provinzen, meist unter der genannten. Der clerk hat dem Armenarzte jährlich ein Verzeichniß der dauernd Armen zu überreichen, welche gratis zu behandeln sind; nur gegen besondere Bescheinigung liegt dem Arzte die Pflicht ob, etwanige andere Kranke zu behandeln. Diese Behandlung bezieht sich aber nur auf die gewöhnlichen acuten und chronischen Erkrankungen; sehr lange dauernde und den Arzt ungewöhnlich beschäftigende Curen, Unglücksfälle, größere Operationen, Accouchements ꝛc. werden besonders und nach deutschen Begriffen sehr standesmäßig honorirt. So z. B.:

Complicirte Oberschenkelfracturen und Luxationen, Amputationen von Schenkel, Arm, Fuß, Hand und die Operation des eingeklemmten Bruches mit	Lstr. 5
Einfache Fracturen oder Luxationen des Ober- und Unterschenkels mit	Lstr. 3
Amputationen der Finger oder Zehen mit	Lstr. 2
Luxationen oder Fracturen der Arme mit	Lstr. 1

Wenn der Kranke keine 36 Stunden nach der Operation lebt und der Arzt nicht nachweisbar mehrere Besuche gemacht hat, so soll nur die Hälfte der angegebenen Sätze passiren, eine curiose Bestimmung, deren Sinn aber unschwer zu errathen.

Für Hülfe bei normalen Entbindungen soll nicht weniger wie Lstr. ½, nicht mehr wie Lstr. 1 bewilligt werden, bei schweren Entbindungen Lstr. 2. Für extraordinär dem Arzte zugewiesene Kranke tritt gleichfalls besondere Remuneration ein.

Die Armenärzte können nun von den guardians mit einem fixen Gehalte angestellt werden, oder für jeden Fall besonders honorirt werden; das hängt davon ab, bei welchem Modus der parish am Besten fährt, jedoch muß bei nicht fixer Besoldung den commissioners des poor law board mit Angabe der Gründe davon Anzeige gemacht werden. Als ungefähre Norm bei der Besoldung soll der Satz von sh. 6 (2 Thlr.) für die Behandlung jedes in der Liste aufgeführten Kranken gelten, nicht über sh. 10 (3 Thlr. 10 Sgr.) für jeden extraordinären Kranken.*)

*) S. l. c. pag. 402 u. 403 Copy of a minute of the poor law commissioners dated 6th of June 1839.

Diese Sätze sind gewiß nicht als zu niedrig anzusehen, indessen fällt das Honorar der Armenärzte in Wirklichkeit viel geringer aus, wie mir von sachkundiger Seite mitgetheilt wurde, so daß in England auch Manches auf dem Papiere steht, das in Wirklichkeit nicht existirt. Jedenfalls ist aber bei unzureichender Besoldung des Armenarztes dies nicht Schuld der Behörden; eine Instruktion der poor law commissioners an die parishs giebt darüber ganz unzweifelhafte Aufklärung, sie lautet*): „It is the earnest wish of the commissioners to carry into effect the recommendation of the house of commons on the subject of the poor law, which sat in 1838 and 1839, that „the remuneration of the medical officers should be such as to ensure proper attention and the best medicines“ and the guardians will doubtless perceive that unless the medical officer be adequately remunerated, no vigilance on their part will suffice to secure proper attendance and medicines to the poor under his care.“ — (Instr. Letter.) — Ich hebe ferner hervor, daß den Armenärzten nicht, wie vielfach bei uns, das Impfgeschäft obliegt, sondern daß sie extra dafür honorirt werden; endlich daß besondere Aerzte für die workhouses (Armenhäuser) angestellt werden. Die Armenhäuser haben in England eine wesentlich andre Einrichtung wie bei uns; sie dienen in Deutschland fast ausschließlich zu Wohnzwecken, in England aber auch zur Armenkrankenpflege. Daß diese Einrichtung nothwendig ist, weil die bestehenden Hospitäler mit dem poor law board Nichts zu schaffen haben und sämmtlich Privatwohlthätigkeitsanstalten sind, ist sehr erklärlich; es sind aber natürlich sehr große Uebelstände mit dieser Einrichtung verknüpft. Die Schäden müssen einen sehr hohen Grad erreicht haben, denn im Jahre 1865 bestellte die bekannte medicinische Zeitung „Lancet“ eine Commission zur Untersuchung der workhouses, die einen umfassenden Bericht zunächst wenigstens über die Londoner Armenhäuser veröffentlichte.**) Diese höchst verdienstvolle Arbeit ist, beiläufig bemerkt, ein schönes Zeichen des freiheitlichen Sinnes und der freiheitlichen Institutionen Englands. Die gute Presse nimmt sich warm der allgemeinen Interessen an, und läßt, bevor sie übereilte Urtheile fällt, die Dinge auf ihre Kosten

*) l. c. pag. 220.

**) Lancet 1. Juli 1865. The lancet sanitary commission for investigating the state of the workhouses, report of the commissioners on metropolitan infirmaries. London 1865.

genau untersuchen und unterbreitet dem Publikum die Resultate der Untersuchung. Aber ein solches Verfahren ist nur möglich, wo die Behörden den Privaten entgegenkommen; im vorliegenden Falle begleiteten die Vorsteher, Beamten und Aerzte der workhouses die Herren vom Lancet, legten ihnen die Nachweise, Bücher ꝛc. vor, und thaten das Ihrige zur Aufklärung der öffentlichen Meinung. Sollte bei uns wohl ein gleiches Entgegenkommen beliebigen Privatpersonen gegenüber stattfinden, welche den ausgesprochenen Zweck haben, Staatsinstitutionen der öffentlichen Besprechung und scharfer Kritik zu unterwerfen? Ich unterdrücke aus Patriotismus die Antwort. —

Wir können diese Betrachtung über die Armeneinrichtungen Englands nicht schließen, ohne zu dem Resultate zu gelangen, daß wenn auch im Großen und Ganzen die Armenkrankenpflege nicht sehr von der unsern differirt, doch eine bessere Besoldung der Armenärzte nicht zu verkennen ist, und im Allgemeinen ein höheres Honorar bei geringerer Leistung gewährt wird. Daß andern, in zeitiger Abwesenheit des Armenarztes fungirenden Aerzten ohne Weiteres ein Honorar angewiesen wird, ist selbstverständlich.

Der Armenkrankenpflege zunächst steht die Pflege für die erkrankten Fabrikarbeiter und ihre Familien, für die Beamten der Bahngesellschaften, die Handwerksburschen ꝛc. Diese sorgen bei uns, wie in England, selbst für sich durch Abzüge, die sie sich an ihrem Lohne machen lassen; es ist dies auch eine ganz zweckmäßige Einrichtung. In Preußen sind die Besitzer von Fabriken ꝛc. gesetzlich zur Errichtung von Krankenkassen verpflichtet, nur sollte meines Erachtens die Regierung bei uns, so lange sie sich überhaupt das Recht beilegt, die Statuten dieser Krankenvereine zu revidiren und zu sanctioniren, womit sie gewissermaßen doch eine Verantwortlichkeit übernimmt, ein Statut nie genehmigen, in welchem nicht die Anstellung eines bestimmten Arztes für die erkrankten Arbeiter und je nach Lage derselben auch für ihre Familien angeordnet ist. Es ist mir nämlich in meinem früheren Wirkungskreise in einer industriereichen Gegend des Niederrheins öfters aufgefallen, daß einzelne Fabrikherren ihren Arbeitern im Erkrankungsfalle nur eine Geldunterstützung zu Theil werden lassen, die selbstredend kaum hinreicht, um sie allein oder gar ihre Familien zu erhalten, geschweige denn ihnen Mittel zur Herstellung ihrer Gesundheit gewährt. Solche Patienten werden bei uns gewöhnlich durch die Aerzte gratis behandelt, falls der Arzt nicht hart genug ist, durch fortgesetzte Verfolgungen schließlich ein Honorar zu erlangen. Dies ist aber nicht der Hauptfehler dieser Einrichtung; die traurige Folge macht sich dadurch bemerkbar, daß solche Personen den Arzt nur im äußersten Falle consultiren und dadurch ihre Uebel, besonders die chirurgischen, denen sie ja am meisten ausgesetzt sind, oft in unglaublicher Weise zu ihrem Schaden vernachlässigen. Ferner genügt es in vielen Fällen nicht, für den Arbeiter allein zu sorgen, vielmehr muß auch für dessen Familie gesorgt werden, denn der Lohn ist in der Regel nicht so hoch, um irgend erheblichere Medicinalausgaben einmal oder gar längere Zeit neben dem Unterhalt der Familie zu gestatten. In England scheint der Staat sich um die Regelung der Arbeiterkrankenpflege gar nicht zu bekümmern und dieselbe ganz den Arbeitgebern und den Arbeitnehmern zu überlassen, wenigstens habe ich in dem Act for the extension of the factory acts vom 15. August 1867 XXX. und XXXI. Vict. nur sanitätspolizeiliche Bestimmungen über die Fabrikanlagen, Dauer der Arbeitszeit, Verwendung von Kindern bei der Arbeit 2c. gefunden, jedoch Nichts über den uns beschäftigenden Gegenstand.

Es existirt aber in England eine Institution von sehr allgemeiner Verbreitung, die von der Regierung, wenn auch nicht direct unterstützt, so doch wesentlich gefördert wird, und für die ich in Preußen Etwas Analoges aufzufinden nicht im Stande bin; das ist die Institution der sogenannten „friendly societies." Jede beliebige Anzahl von Personen kann zu einem Vereine zusammentreten, der zum Zwecke hat, durch freiwillige Beiträge der Mitglieder mit oder ohne Hülfe von Schenkungen einen Fonds zu bilden. Dieser Fonds kann dienen:

1) zur Zahlung einer gewissen Summe bei der Geburt eines Kindes von Mitgliedern oder bei dem Tode eines Mitglieds oder für das Leichenbegängniß eines Kindes oder einer Frau von Mitgliedern;

2) zur Unterstützung oder Erhaltung der Mitglieder, ihrer Männer, Weiber, Kinder, Geschwister, Neffen oder Nichten im Alter, in **Krankheiten**, bei eintretender Wittwenschaft oder zur Ausstattung bei Verheirathungen;

3) zu irgend einem Zwecke, der in England von dem ersten Staatssecretair, in Irland und Schottland vom Lord Advocat als dem Geiste des vom Parlamente sanctionirten Gesetzes conform gefunden wird, also z. B. Vereine zur Beschaffung guter

Nahrungsmittel für Arme, zur Beschaffung von Wohnungen für die arbeitenden Klassen, zur Bewilligung von Pensionen ꝛc.*)

Als „friendly society" wird ein solcher Verein aber nur dann staatlich anerkannt, wenn er sich den Bestimmungen des citirten Gesetzes unterwirft und seine Statuten dem von der Regierung (Ressort für Tilgung der Nationalschuld) ernannten und besoldeten Registrator, deren je einer für England, Schottland und Irland existirt, zur Gutheißung vorlegt. Die Hauptbestimmung in dem bestehenden Gesetze ist die, daß kein Mitglied eine höhere, jährliche Unterstützung beanspruchen darf als Lstr. 30, und daß Niemandem bei eintretenden Todesfällen oder bei sonstigen in den Statuten vorgesehenen Gelegenheiten eine höhere Summe als Lstr. 200 auf einmal ausgezahlt werden. Jede vom Registrar anerkannte friendly society genießt nun die Rechte einer juristischen Person, oder wie wir correcter sagen würden, ist durch die Anerkennung in den Besitz beschränkter Corporationsrechte gelangt. Dies ist eigentlich das einzige wirkliche Privilegium, welches den friendly societies eingeräumt ist; ferner haben sie das Recht, aber nicht die Pflicht, ihre Gelder entweder in die saving banks (vom Staate verwaltete Sparkassen) zu legen oder den national debt commissioners (Verwaltung der Nationalschuld) zu geben, wofür ihnen ein bestimmter, übrigens ziemlich niedriger Procentsatz garantirt ist. — Solcher Gesellschaften giebt es nun nach einer mir mündlich gewordenen Mittheilung auf der Londoner Registratur für England und Wales allein nicht weniger als 23,000, mithin repräsentiren dieselben eine nicht zu unterschätzende Macht als humanitäre Institutionen. Alle 5 Jahre wird dem Parlamente ein gedruckter Bericht über diese Gesellschaften vorgelegt; ein mir vorliegender Bericht vom Jahre 1854**) enthält die interessantesten statistischen Data über Morbilität und Mortalität bei den verschiedenen Beschäftigungen, Alter, Geschlecht ꝛc. der Mitglieder, und verdient ein eingehendes Studium Seitens derer, welche sich an der Spitze ähnlicher Vereine bei uns finden. Die friendly societies

*) S. XVIII. u. XIX. Vict. Cap. LXIII. An act to consolidate and amend the law relating to friendly societies 23. Juli 1855, 2. Aug. 1858 u. 6. Aug. 1860.

**) S. Friendly societies. Sickness and mortality. Mr. Alexander Glen Finlaison's Report (Second Part) Ordered by the house of commons to be printed, 12. August 1854; ferner Instr. in book keeping for friendly societies by Tidd Pratt Esq. registrar London 1853.

zeigen, von welchem Erfolge das Bestreben der englischen Regierung begleitet ist, das Vereinswesen möglichst zu fördern und falls es sich um Humanitätszwecke handelt, durch Gewährung erleichternder, gesetzlicher Bestimmungen in die richtigen Bahnen zu leiten. Wir constatiren gern, daß in Preußen nach dieser Richtung hin im letzten Decennium ein nicht zu verkennender Fortschritt stattgefunden hat; es bleibt indessen noch Vieles zu thun übrig. Die Zeit liegt noch nicht lange hinter uns, wo man in jedem Vereine von Handwerkern oder Arbeitern politische Hintergedanken witterte, und denselben durch kleinliche, polizeiliche Chicanen zu Falle brachte. Als Beispiel erwähne ich nur den „Berliner Handwerkerverein", der sich meines Wissens aus einer Krankenkasse entwickelte, die wiederholt polizeilich aufgelöst wurde, trotz alledem sich aber heute zu einer Macht gestaltet hat, welche sich die Anerkennung aller Parteien errungen. Man verwechsle die friendly societies aber nicht etwa mit unsern Handwerkervereinen, Krankenkassen 2c.; sie umfassen nicht bestimmte Berufsklassen, sondern die allerverschiedensten Elemente sind hier unter den allerverschiedensten Formen zu Wohlthätigkeitszwecken vereinigt; das ihnen Gemeinsame besteht nur in der Innehaltung der in den Parlamentsacten erwähnten Bedingungen. Alles Uebrige reguliren die Gesellschaften nach eignem Ermessen. So bilden z. B. die sogenannten Odd fellows eine friendly society, die in Großbritannien und den Colonien nahe an 500,000 Mitglieder zählt. Diese Vereinigung hat sehr viel Aehnliches mit den Freimaurern, unterscheidet sich aber doch wesentlich von ihnen. An der Spitze steht wie bei den Freimaurern eine Hauptloge, die im ganzen Königreiche ihre Filialen hat; der Eintritt in die Gesellschaft ist an gewisse Formen geknüpft, so wie die Mitglieder bei ihren Versammlungen gewisse Formen zu beobachten haben, und es ist ein Erkennungszeichen für den Theilnehmer vorhanden. Jede Filiale arbeitet finanziell ganz selbstständig, nur sorgt die Hauptloge dafür, daß ein gemeinsames Prinzip bei den Zweiglogen obwaltet. So weit ist die Analogie mit den Freimaurern vollkommen; der Charakter als friendly society wird aber abweichend von den Freimaurerlogen dadurch documentirt, daß jedes Mitglied ein gesetzliches Recht auf bestimmte Unterstützungen in Krankheitsfällen je nach der Bestimmung der Statuten hat.*)

*) s. Rules of the independent order of Odd Fellows Manchester Unity Friendly Society (reg. under the friendly soc. Act 13 und 14 Vict. Cap. 115. Manchester 1866 W. F. Carver.

Eine andre noch eigenthümlichere Vereinigung unter den friendly soc. sind die sogenannten Foresters. Sie haben die Eigenthümlichkeit, in einer Art Schützentracht sich zu versammeln, die wahrscheinlich aus früheren Zeiten herstammt. Die Mitglieder sind zwar bei ihren Versammlungen heute nicht mehr an diese Tracht gebunden, indessen soll dieselbe bei den jährlichen General-Versammlungen im Crystal Palace noch immer die Aufmerksamkeit auf sich ziehen.*)

Man findet ferner unter diesen fr. soc. einen jüdischen Verein, der ausschließlich die Krankenpflege bezweckt, ferner einen Verein von Franzosen zur Unterstützung ihrer Landsleute, Mäßigkeitsvereine, d. h. fr. soc., bei der jedes Mitglied freiwillig sich verpflichtet, Spirituosen zu meiden ꝛc., genug, es ist ersichtlich, daß die verschiedensten Elemente an diesen Vereinigungen Theil nehmen. In Scotland und Ireland sind die fr. soc. weniger verbreitet, weil die Geistlichkeit ihnen dort nicht sehr hold sein soll, immerhin bestehen sie aber in großer Anzahl. — Was nun die Stellung der Aerzte in diesen Vereinen betrifft, so steht mir leider ein Vertrag einer solchen Gesellschaft mit einem Arzte nicht direct zu Gebote, um die Daten daraus zu entnehmen, indessen wurde mir auf der Londoner Registratur mitgetheilt, daß das Honorar per Kopf per annum von sh. 2 d. 6 (25 Sgr.) bis zu sh. 4 d. 6 (1 Thlr. 15 Sgr.) variirt. In größeren Städten, wo die Kranken mehr zusammenwohnen, pflegen die niedrigeren Sätze zu gelten, während in Ackerbau-Districten die Honorare mit den Entfernungen steigen. Da aber mit jeder Gesellschaft besondere ärztliche Contracte gemacht werden, je nach den Verhältnissen derselben, ihrer Ausdehnung, den Anforderungen an den Arzt ꝛc., so läßt sich etwas Bestimmtes darüber nicht mittheilen. —

Außer den notorisch Armen, deren Krankenpflege von den Communen zu bestreiten und der Klasse der Fabrikarbeiter, die durch ihre Krankenkassen mehr oder weniger gut für sich sorgen, existirt aber eine große Klasse der Bevölkerung, für die bei uns so gut wie gar Nichts nach dieser Richtung hin geschieht, und deren ganze Last auf die Schultern des Arztes in Bezug auf freie Behandlung gewälzt ist. Es ist dies die große Klasse der sogenannten verschämten Armen, ferner

*) s. General Laws of the ancient order of Foresters Friendly Society Wolverhampton 1866 published by the executive council.

sämmtliche kleinen Handwerker, falls sie nicht durch Vereine für sich gesorgt haben, was in Deutschland lange noch nicht genug der Fall ist, wie überhaupt alle Diejenigen, die von der Hand in den Mund leben und deren ganze Erwerbsfähigkeit bei einer eintretenden Erkrankung stockt. Gilt dies von dem Haupte der Familie in erster Reihe, so treten die Verlegenheiten bei längeren Krankheiten anderer Glieder der Familie nicht minder hervor; auch ohne Honorirung des Arztes werden diese Personen in Schulden gestürzt, von denen sie sich meist nur sehr langsam, oft gar nicht erholen können. Hier kann weder der Staat noch ein einzelner Stand Abhülfe schaffen; hier ist das große Feld der Privatwohlthätigkeit, und es ist wahrhaft erstaunlich, was England, und speciell London nach dieser Richtung hin leistet.

Es existirt hier eine, meines Wissens nach in Deutschland unbekannte, wenigstens practisch nicht ausgeführte Einrichtung, die der sog. Dispensaries, in welchen unentgeltlich Jedem, der sich meldet, ärztliche Hülfe und freie Medicin zu Theil wird. Diese Dispensaries gleichen unsern Polikliniken, nur werden sie nicht zu Unterrichtszwecken benutzt. Solcher Anstalten giebt es in London allein nach Ausweis des medical directory*) 56, und ihre Einrichtung ist außerordentlich praktisch und von höchstem Interesse für den Fremden. Bei der großen Anzahl der außerdem vorhandenen Hospitäler, mit denen allen gleichfalls solche Dispensaries verbunden sind und bei der immensen Zahl gleichartiger Erkrankungen bei einer Bevölkerung von 3¼ Millionen ist es ganz natürlich, daß in den meisten Dispens. besondere Specialfächer betrieben werden. So giebt es Dispensaries für Haut-, Brust-, Hals-, Augenkrankheiten, und wie weit die Specialistrung geht, zeigt das Dispens. des London infirmary for diseased and ulcerated legs (Schenkelgeschwüre aller Art), in welchem im Jahre 1866 nicht weniger als 17,168 Kranke behandelt wurden.

Sämmtliche Anstalten sind durch einmalige Schenkungen und durch freiwillige fortlaufende Beiträge gegründet und werden durch dieselben erhalten; an der Front des Hauses liest man überall „supported by

*) The London and provincial medical directory incl. of the med. directory for Scotland and the med. directory for Ireland and general med. register London 68., auch The charities of London Low & Co., Strand.

voluntary contributions.“ Theilweise nehmen die Räumlichkeiten des dispensary nur das untere Geschoß des Hauses ein, zum Theil aber bildet ein disp. ein Haus für sich; in den untern Räumen sind große Zimmer vorhanden, in welchen eine Reihe von Bänken für die wartenden Kranken angebracht sind. An diese Zimmer stoßen die Consultationszimmer der Aerzte, gewöhnlich je eins für den physician (innere Krankheiten), und eins für den surgeon (chirurg. Krankh.). Jeder Kranke erhält beim Eintritt vom Hausdiener eine Nummer, in welcher Reihe er zum Arzte zugelassen wird, und ein Buch oder einen Bogen, auf dem die Verordnungen verzeichnet werden. In den Zimmern der Aerzte sind alle medicinischen Hülfsmittel vorhanden, die zur Untersuchung der Kranken dienen und manche kleinere practische Einrichtungen zur schnelleren Erledigung der meist sehr bedeutenden Arbeit. Außerdem befindet sich im Hause noch eine Apotheke und in den größeren disp. wohnt ein medical officer, der zuweilen auch Apotheker ist. Die Aerzte, deren immer mehrere an einem disp. fungiren, haben ihre Consultationsstunden nicht täglich, sondern nur zwei bis drei Mal wöchentlich, und zwar meist in den Nachmittagsstunden. Da das Material an Kranken ein sehr bedeutendes ist, fast jedes disp. Kranke einer bestimmten Gattung bringt, und daher Erfahrungen im Großen gestattet, so ist es natürlich, daß die Aerzte gern solche disp. übernehmen; wir sehen daher die bedeutendsten Capacitäten Londons an diesen Anstalten fungiren und alle unentgeldlich. Man wird sich einen ungefähren Begriff von dem riesigen Material machen, das den meisten disp. zu Gebote steht, wenn ich mittheile, daß das city of London and East London Dispens. im Jahre 1868 11,000 Kranke behandelt hat, das farringdon gen. dispensary 12,000, das Finsbury Disp. 20,000, das metropolitan disp. 12,000 und das Disp. des metropolitan free hospital 85,847. Rechnet man zu den 56 Disp. die 50 Hospitäler mit ihren Dispensaries, die theilweise colossal besucht werden, und nimmt man nur die Durchschnittszahl von 7000 Kranken an, die sehr niedrig gegriffen ist, so erhält man schon die Zahl von nahezu 800,000 Menschen, denen freie ärztliche Hülfe und Arznei gewährt wird. Hierzu kommen noch die Hospitäler, welche zugleich medicinische Schulen sind und deren Dispensaries, weil ihre Mittel bedeutend größer sind als die der andern Hospitäler, auch in der Regel mehr besucht sind, und man dürfte es kaum überschätzen, wenn man die Gesammtzahl der in dieser Weise Behandelten auf circa 1 Million veranschlagt. So Außerordentliches nun die Dispensaries für die minder bemittelten Klassen leisten, so groß ihr Werth auch für die Förderung wissenschaftlicher Zwecke ist, wie man sich aus den Verhandlungen der medicinischen Gesellschaften Londons überzeugen kann, so ist ihre Einrichtung jedenfalls noch verbesserungsfähig. Ich betrachte es z. B. als einen Mangel, daß die Aerzte, wenigstens so weit mir bekannt wurde, nicht besoldet sind; die bedeutende Anzahl von Kranken, welche der Arzt dort zu behandeln hat, erfordert, wenn gewissenhaft ausgeführt, einen solchen Aufwand von Zeit, daß derselbe keinem Arzte ohne Compensation zugemuthet werden kann. Es bleibt deshalb auch nicht aus, daß mitunter Etwas cursorisch verfahren werden muß, was jedenfalls nicht im Interesse der Patienten ist. Bei den immensen Ausgaben der Dispens. könnte eine angemessene Honorirung der Aerzte übrigens auch financiell keine Schwierigkeit haben.

An die Dispensaries reihen sich die Hospitäler, welche zur dauernden Aufnahme acuter oder solcher chronischen Kranken bestimmt sind, die entweder an das Bett gefesselt oder durch ihr Leiden wenigstens arbeitsunfähig sind. Auch die Hospitäler sind durch freiwillige Beiträge gegründet und werden durch dieselben erhalten. Die Regierung kümmert sich in keiner Weise um dieselben; sie sind sämmtlich Privatanstalten incl. der Spitäler, welche medicinische Schulen sind. Als Beweis, wie bedeutend zum Theil die Hospitäler dotirt sind, führe ich nur das Guy's Hospital an, allerdings eines der größeren, das nach einer mir mündlich gewordenen Mittheilung des Herrn Dr. Habershon, Docenten an dieser Anstalt, jährlich Lstr. 40,000 zu verausgaben hat, also ungefähr ¼ Million Thaler. Andere sind weniger hoch, aber immerhin sehr reichlich bedacht, so daß für allen Comfort und für alle Mittel, welche Kranke jeder Gattung beanspruchen, in vollem Maße gesorgt ist. Zum Theil sind diese Hospitäler sogar mit Eleganz eingerichtet und lassen den darin weilenden Kranken eine Zeit lang den außerhalb des Hauses herrschenden Unterschied in der Vertheilung der weltlichen Güter vergessen. Ich erwähne unter diesen beispielsweise das Hospital for nervous diseases (Nervenkrankheiten) und das Brompton hospital for diseases of the chest (Brustkrankheiten). — In Preußen sind die Hospitäler zum allergrößten Theile Eigenthum der Communen und werden durch dieselben erhalten; ein ziemlich ansehnlicher Theil ist auch Eigenthum specieller confessioneller Gemeinden; nur ein geringer Theil der Krankenhäuser verdankt seine Entstehung Schenkungen oder Vermächtnissen, ein noch geringerer Theil wird auch durch dieselben erhalten, alle aber stehen unter Aufsicht der Behörden. Da auf diese Weise die Kosten für die Errichtung und Verwaltung der Hospitäler durch allgemein umgelegte Steuern (Communalsteuern) erhoben werden müssen, so ergiebt sich einestheils der Uebelstand, daß der weniger Bemittelte in der Gemeinde, für den das Hospital doch eigentlich bestimmt ist, pro rata zur Erhaltung desselben ebenso beisteuern muß, wie der Reiche, sodann aber, und dies ist der schwerere Uebelstand, daß die Aufnahme stets an eine Reihe von Förmlichkeiten geknüpft ist und nicht in so großmüthiger Weise erfolgen kann, weil die Vorstände stets fürchten, das städtische Budget in ungebührlicher Weise zu belasten. Man könnte mir nun entgegenhalten, daß mit der Anpreisung der englischen Zustände und einer rein negirenden Haltung gegenüber den unsrigen wenig erreicht ist; was in England möglich und durch dortige politische und sociale Verhältnisse bedingt ist, könnte man sagen, wäre eine Absurdität für uns, die wir einen ganz anderen Entwickelungsproceß durchgemacht haben. Man gestatte mir jedoch zu zeigen, daß bei aller schuldigen Rücksicht auf die historische Entwicklung unsres Hospitalwesens und unsrer Armenkrankenpflege dieselbe dennoch in vielen Punkten in ein anderes, gedeihlicheres Geleise gebracht werden kann. Es kann keinem vernünftigen Menschen einfallen, heute in Preußen die Dotirung der Hospitäler den Communen abnehmen zu wollen und ihre Erhaltung einfach auf den Wohlthätigkeitssinn der Einzelnen anzuweisen; es hieße dies nichts weniger, als dieselben für eine geraume Zeit zuschließen. Aber man streiche einmal den § 200 des preußischen Strafgesetzbuches, der den Aerzten die Verpflichtung zur Hülfsleistung eigentlich in allen Fällen auferlegt, und ich zweifle keinen Augenblick, daß die Mildthätigkeit unsrer begüterten Klassen bald in der Errichtung und Erhaltung von Hülfsanstalten für die erkrankten Mitbürger wetteifern wird. Der Wohlthätigkeitssinn des deutschen Volkes steht in keiner Weise dem des englischen nach; wenn sich also solche Institutionen wie die englischen Hospitäler und Disp. bei uns nicht in dem Verhältnisse entwickelt haben wie auf der britischen Insel, so liegt dies nur daran, daß das Bedürfniß dieser Anstalten unsren wohlhabenderen Klassen nicht nahe genug gelegt ist. Wie verhältnißmäßig selten hören wir noch bei uns von großartigen Schenkungen für Zwecke der Krankenpflege, während sich die Großmuth unsres Volkes doch andren Institutionen so reichlich zuwendet! Allerdings wird die Staatsgewalt sich aber hüten müssen, in irgend einer Weise hindernd der Errichtung ähnlicher Anstalten entgegenzutreten. Einige Zimmer in einem trockenen Hause, auch wenn diese nicht allen gerechten Anforderungen an die Anlage eines Krankenhauses entsprechen, genügen oft zur Begründung eines Hospitals; man hat aus so kleinen Anfängen schon die besten Institute mit der Zeit hervorgehen sehen. Man vertraue nur dem gesunden Sinne des Volkes und kümmere sich nicht zu viel um dergleichen Dinge; die ausschließliche Verwaltung durch die Behörden trifft erfahrungsmäßig auch nicht immer das Richtige. London liefert hiefür einen schlagenden Beweis; diejenigen Krankenhäuser (workhouses, infirmaries), welche von den öffentlichen Behörden verwaltet werden, ja unter den Augen des poor law board existiren, sind die anerkannt mangelhaftesten, während über die Privat-Hospitäler Klagen nicht laut werden. Ferner gewähre man unbedingt allen Hospitälern, wenn sie es wünschen, die Dispensirfreiheit, um die Ausgaben nach Möglichkeit zu verringern. Statt dessen wird bei uns nur ausnahmsweise großen Hospitälern dieselbe gewährt, ja es erregte nicht geringes Erstaunen vor einigen Jahren, als den Apothekern sogar verboten wurde, in der Armen- und Hospitalpflege den bis dahin erlaubten Rabatt von 25 pCt. zu bewilligen. Es sind dies Lasten für ein Krankenhaus und für die Armenpflege, welche nicht zu rechtfertigen sind; die mehr oder weniger sorgenlose Existenz des Apothekers ist nicht Zweck des Hospitals, sondern die Pflege leidender Unbemittelter. Glaubt die Verwaltung eines Hauses, die Arzneien durch eigene Beschaffung und Bereitung sich billiger stellen zu können, so lasse man sie doch gewähren; eine Ueberwachung zum Vortheile der Patienten ist ja nöthigenfalls dadurch nicht ausgeschlossen. — Durch diese und andre Maßregeln kann es gelingen, mit der Zeit unsre nur vom Staate und den Communalbehörden ressortirende Hospitalpflege so viel wie möglich in eine private umzugestalten. Es ist ja ganz unzweifelhaft die Privatkrankenpflege als das Ideal der Hospitalpflege anzusehen; sie ist es dadurch, daß sie sich freiwillig und aus eignem Antriebe ihrer schweren Aufgabe unterzieht. Je freiwilliger der Mensch aber zu einer guten That schreitet, desto wirksamer fällt auch dieselbe aus, ganz abstrahirt von ihrem moralischen Werthe, den ich für den praktischen Erfolg nicht zu hoch anschlagen will.

Nach diesen Excursionen, in welchen auseinandergesetzt ist, wie das englische Publikum durch seine Armenpflege, seine Fabrikkassen, seine friendly societies, dispensaries, Hospitäler für die Armen und weniger Bemittelten sorgt und ihnen dadurch ärztliche Hülfe für alle Fälle sichert, erübrigt nur noch nachzuweisen, daß die Befürchtung, durch Aufhebung des qu. Paragraphen würden herzlose, unbegründete Hülfsverweigerungen Seitens der Aerzte zunehmen, in keiner Weise erfahrungsmäßig begründet ist.

Man entwerfe eine Medicinalverfassung, so vollkommen sie auch sein mag, sie wird es nie verhindern können, daß Dinge Seitens der Aerzte vorkommen, die nicht vorkommen sollten. Auf unsere Frage übersetzt heißt dies nichts Anderes: mit und ohne Verpflichtung der Aerzte werden unbegründete Hülfsverweigerungen vorkommen; es frägt sich nur, wann ereignen sich diese mehr, und wie beschränkt man sie überhaupt am Wirksamsten? Ich behaupte nun, daß bei einem Vergleiche zwischen England und Preußen, wo entgegengesetzte Wege eingeschlagen werden, die Sache ganz gleich steht. Zur Ehre des ärztlichen Standes in Preußen ist schon Eingangs erwähnt, daß eine Hülfsverweigerung in wirklich dringenden, der Hülfe bedürftigen Fällen äußerst selten vorkommt; zur Ehre des ärztlichen Standes in England muß ich hinzufügen, daß sich dort die Sache ebenso verhält. Um irgend einen thatsächlichen Anhaltspunkt in der Beurtheilung dieser Frage zu haben, wußte ich mir die wenigen vorhandenen Berichte über die officiell angeordneten Obductionen bei plötzlichen oder sonst verdächtigen Todesfällen zu verschaffen. Es ist bekannt, daß bei uns derartige Obductionen im Auftrage der Staatsanwaltschaft vom Kreisphysicus, einem angestellten Gerichtsarzte, ausgeführt werden. Nicht so in England. Dort wird die Behörde vertreten durch den coroner, einen Mann, der gewöhnlich dem Juristenstande angehört, aber auch Mediciner von Fach sein kann. Der geachtetste Coroner in London ist Herr Dr. L a n k e s t e r, der sein Amt mit großer Umsicht und Sorgfalt verwaltet, die Resultate seiner Beobachtungen veröffentlicht und sie zu wissenschaftlichen und Reformzwecken verwerthet. Die Obductionen werden gewöhnlich von dem behandelnden Arzte vorgenommen, falls der Coroner es nicht im Interesse der Sache findet, andre Sachverständigen zuzuziehen; der Arzt stellt sein Attest aus, das nur seine persönliche Ansicht über die Todesursache enthält. Das schließliche Verdict aber, in welcher

Weise der Tod stattgefunden hat, wird durch 12 Geschworne gefällt, die in derselben Weise gewählt sind wie die Jury zur Beurtheilung von Criminalfällen. Eine Kritik dieser Einrichtung hier vorzunehmen, würde zu weit führen; es geht aber aus der Zusammensetzung der Inquest-Commission aus Geschwornen hervor, daß diese in der Regel viel weniger zart mit den Aerzten umgehen wird, als es selbst ein Gerichtshof thun würde, daß dieselbe in Fällen, wo nur geringe Anhaltspunkte dafür vorhanden wären, daß der Tod eines Menschen durch Hülfsverweigerung des Arztes entstanden, gewiß nicht abgeneigt sein würden, den Arzt dafür verantwortlich zu machen. Nun Herr Dr. Lankester theilte mir zu meiner Freude mit, daß ihm in einer sechsjährigen Praxis im Central District of Middlesex, der circa 900,000 Seelen umfaßt, also beiläufig 1¼ Mal so viel wie Berlin, kein einziges solches Verdict vorgekommen sei. Die Zahl der vorgenommenen Inqueste belief sich vom Jahre 1862—67 auf 6348.*) Es sei ihm allerdings vorgekommen, daß Personen intra vitam keinen ärztlichen Beistand gefunden, weil zu kurze Zeit verlief zwischen dem Unglücksfalle, Schlaganfalle rc. und dem Eintritte des Todes, und diese nicht genügte, einen andren Arzt herbeizurufen, wenn der Eine mit Recht oder Unrecht nicht gehen wollte; daß dies aber in keinem Falle irgend einen nachweisbaren Einfluß auf die Abwendung des Todes hatte. Er sagte mir ferner, daß in der Regel die Aerzte der Requisition Folge leisteten, und wenn ausnahmsweise die Hülfe verweigert würde, es meist Folge kurz vorhergegangener unnützer Alarmirungen der Aerzte wäre. Nun solche Dinge passiren bei uns gleichfalls trotz unsres Paragraphen, nur kommen sie nicht zur Kenntniß der Behörden, weil wo kein Kläger, kein Richter ist. —

Man könnte jedoch der Citirung des Berichtes vom Dr. Lankester entgegenhalten, daß freilich in London, einer Stadt mit 3500 Aerzten keine große Gefahr in der Nichtverpflichtung der Aerzte liege, wie sehe es aber in kleineren Städten und auf dem Lande aus? Dr. Lankester erwiederte auf meine dieserhalb an ihn gerichtete Frage, daß Hilfsverweigerung in dringenden Fällen dort gleichfalls sehr selten vorkomme,

---

*) s. National assoc. for the promotion of social science with which is united the society for promoting the amendment of law.

The fifth annual report of the coroner for the central district of Middlesex by Edwin Lankester M. D. F. R. S. London 1868.

und daß in einem solchen Falle mit tödtlichem Ausgange die Jury ihr Verdict dahin abgiebt, daß der Tod des defuncten durch ärztliche Hülfe hätte abgewendet werden können und daß der Arzt X., weil er Hülfe verweigert, sich eines unmenschlichen und grausamen Benehmens schuldig gemacht hätte. Man denke sich nur die Wirkung eines solchen von Geschwornen ausgesprochenen Urtheils auf die öffentliche Meinung, man denke an die Folgen einer solchen Anklage für die Praxis des Arztes, besonders in kleineren Kreisen, um zuzugeben, daß auch ohne Strafe solche Vorfälle zu den äußersten Seltenheiten gehören werden. Man stelle sich nur vor, daß bei uns der obducirende Kreisphysicus sein amtliches Gutachten dahin formulirt, daß ein Arzt durch Hülfsverweigerung Schuld an dem Tode eines Menschen ist, und ein solches Gutachten noch erhöht durch das Ansehen der Gerichte veröffentlicht wird, um zu sehen, daß der Arzt an seinem Orte keine 24 Stunden bleiben könnte, daß seine ganze Existenz mit einem Schlage ruinirt wäre. Ein derartiges Urtheil würde 2 höchstens 3 Tage nach der Unthat erfolgen und in der That vernichtend sein. Was ist im Vergleiche damit ein bei uns nach Monaten von Untersuchung erfolgendes Urtheil von selbst 500 Thaler Strafe? es bedarf dies keiner weiteren Ausführung; die sofortige, amtliche Denunciation dem Publikum gegenüber ist das kräftigste, wirksamste Mittel gegen die Wiederholung einer wie immer gearteten ärztlichen Herzlosigkeit und die härteste Strafe dafür. Aber nur auf oben citirten Fall ist eine solche Denunciation zu beschränken; ob der Arzt einen Kranken so und so oft besuchen will oder nicht, und ihm dieses oder jenes gleichgültige oder in seinen Wirkungen zweifelhafte Mittel verordnen, selbst wenn der Patient darin eine Panacee zu erblicken glaubt, das muß dem Arzte als einem freien Manne selbst zu bestimmen überlassen bleiben. Das Publikum mag sich sein beliebiges Urtheil über den Arzt bilden, ihn in Anspruch nehmen oder nicht, was ihm ja unbenommen bleibt, da es durchaus nicht gebunden sein soll, aber dies darf weder Gegenstand einer Strafe noch selbst einer amtlichen Untersuchung sein. Die Bestrafung eines Arztes, weil er einen mit Lungenentzündung behafteten Patienten nicht besucht hat, ist eine Vernichtung der persönlichen Freiheit des Arztes auch in den Augen dessen, der sich nicht zur Wiener Schule bekennt.

So viel nun über die berechtigten Interessen des Publikums; es ging aus den Betrachtungen hervor, daß sie in England in demselben

Grade gewahrt sind wie bei uns, nur daß andere Factoren dabei betheiligt sind. Das Verhältniß der Aerzte zum Publikum gestaltet sich aber allerdings bei der Befreiung der Medicin von staatlicher Beeinflussung anders als bei uns. In England ist die Praxis frei, d. h. Jeder kann curiren und kann für ertheilten Rath Geld annehmen. Trotz alledem irrt man sehr, wenn man glaubt, daß die Quacksalberei dort mehr verbreitet ist als bei uns. Es ist dieser bei uns landläufige Irrthum ebenso allgemein wie der, daß deutsche Aerzte, die vielgeprüften, wie man sie scherzweise nannte, in England ein großes Prae vor den heimischen Aerzten haben. Beides ist einfach nicht wahr. An Marktschreiereien und Reclamenunfug fehlt es hüben wie drüben nicht; dieser Zweig der Industrie ist heute ein internationaler geworden, und wer in einem Lande damit prosperirt, versucht es bald in allen andern. Die Leichtgläubigen werden aber durch das bei uns vorhandene Märtyrerthum der Quacksalber, welches den Engländern fehlt, mehr als diese den Pfuschern in die Hände getrieben. Ein Pfuscher erlangt bei uns durch eine gerichtliche Verfolgung wegen unbefugten Curirens nur immer mehr Zulauf, weil sich das ungebildete Publikum einredet, hinter der Methode eines solchen naturwüchsigen Heilkünstlers müsse doch Etwas stecken, sonst würden die Aerzte sich nicht solche Mühe geben, ihm das Handwerk zu legen; man erblickt in der Verfolgung der Pfuscher sogar häufig nur Brodneid. — Unbeschadet der Freiheit der Praxis in England, die ihre Grenze zum Theil in dem gesunden Sinne des Volkes findet, zum Theil allerdings durch einige selbstverständliche Privilegien der anerkannten Aerzte für Laien in der Medicin illusorisch gemacht ist, war es doch eine Nothwendigkeit für die dortige Bevölkerung zu wissen, wer wirklich Arzt ist und auf Grund von Studien auf diesen Namen Anspruch erhebt. Deshalb ist durch Parlamentsact der Begriff des Arztes festgestellt, mit welchem dann bestimmte in der Natur des Berufes liegende Rechte verknüpft sind. Der Parlamentsact sagt ausdrücklich in seinem Beginne: „In Erwägung, daß das hülfesuchende Publikum in den Stand gesetzt sein muß, zwischen qualificirten und unqualificirten Aerzten zu unterscheiden, so ꝛc." „Whereas it is expedient that Persons requiring medical aid should be enabled to distinguish qualified from unqualified practitioners: Be it therefore enacted etc."*) Nur diese zwingende Nothwendigkeit hat

*) XXI. u. XXII. Vict. Cap. XC. 2. Aug 1858. An act to regulate the qualifications of Practitioners in Medicine and Surgery.

also, wie man sieht, die englische Gesetzgebung veranlaßt, einen ärztlichen Stand zu schaffen und anzuerkennen; jeder andre Zweck liegt dem Acte ganz fern. Es wird nun freilich zum besseren Verständnisse des Verhältnisses der Aerzte zum Publikum nöthig sein, eine Analyse dieses Gesetzes vorzunehmen, wobei einzelne Bemerkungen über die medicinische Ausbildung und Erziehung gestattet sein mögen.

Die Basis der staatlichen Anerkennung als qualificirter Arzt kann selbstredend nur eine Prüfung sein, welcher sich Derjenige zu unterwerfen hat, der unter dem Schutze des Gesetzes in Großbritannien practiciren will. Der Staat kümmert sich aber in England nicht darum, in welcher Weise die Kenntnisse erworben sind, er leitet nicht, wie bei uns, den medicinischen Unterricht selbst, sondern erkennt jedes Hospital als medicinische Schule an, sobald es über mindestens 100 Betten verfügt und durch die Prüfungen zeigt, daß die Zöglinge desselben den Anforderungen der Examinatoren entsprechen. Es existiren deshalb in Großbritannien ungleich mehr medicinische Bildungsanstalten wie in Deutschland, wo die Regierung die Lehrer beruft und ihnen das Prädikat von Staatsbeamten beilegt. In London allein existiren 12 solcher Schulen*), in England mit Ausschluß Londons 9**), in Schottland 5***), in Irland 8****), zusammen 34. Jede dieser kleinen medicinischen Facultäten regulirt ihren Unterricht nach eignem Belieben, stellt beliebige Anforderungen an die Aufnahme des medic. Zöglings, an seine Prüfungen innerhalb der Schule 2c. (s. The Lancet No. XI. Vol. II. 12. Sep-

---

*) St. Bartholomew's Hospital and College, Charing Cross, St. George, Guy's Hosp., King's Coll. and Hosp., London Hosp., St. Mary's Hosp., Middlesex, Royal free Hosp.. St. Thomas's Hosp. and School, University College and Hosp., Westminster Hosp.

**) Birmingham Queen's College, Bristol medical school, Cambridge university, Hull and East Riding School of Medicine, Leeds School of Medicine, Liverpool Royal Infirmary School of Medicine, Manchester Royal School of Medicine, Newcastle College of Medicine, Sheffield School of Medicine.

***) Aberdeen University, Edinburgh University, Edinburgh Royal Colleges of physicians and Surgeons, Glasgow university, Glasgow Anderson's University.

****) Dublin Univers., Dublin R. College of surgeons, Dr. Steevens' Hosp. and Med. Coll. Dublin, Dublin Carmichael School and Richmond Hosp., Dublin Catholic Univers., Cork Queen's Coll.. Belfast Queen's Coll., Galway Queen's Coll.

tember 68 The Students' Number). Aus diesen Schulen entlassen, wird der Student ohne Weiteres zu den Prüfungen zugelassen, welche ihm die gesetzliche Qualification zur Praxis verleihen sollen. Als Examinations-Commissionen, oder richtiger als ärztliche Corporationen mit dem Rechte, gültige Zeugnisse über die Befähigung auszustellen, sind aber im Laufe der Zeit außer den Universitäten von Cambridge, Oxford, London, Durham, Edinburgh, Glasgow, Aberdeen, St. Andrews, Dublin (Trinity College) und The Queen's University in Irland eine Reihe ärztlicher Gesellschaften durch Parlamentsact anerkannt, welche unter gewissen gesetzlichen Beschränkungen, die wir gleich hervorheben werden, die Anforderungen an den Candidaten nach eignem Ermessen bestimmen und die Examinatoren aus ihren eignen Mitgliedern wählen. Es ist also ersichtlich, daß die Regierung nicht einmal die Examinatoren ernennt, wie es bei den deutschen Staatsexaminibus der Fall ist, sondern daß sie es den ärztlichen Gesellschaften selbst überläßt, darüber zu befinden, ob Jemand sich zur Praxis qualificirt oder nicht. Dieser examining bodies giebt es neben den Universitäten, welche auch wie in Deutschland das Doctordiplom zu ertheilen berechtigt sind, im Uebrigen aber besonders in England mit unsern Universitäten wenig gemein haben, für das vereinigte Königreich 12, wovon 4 ausschließlich im Interesse des ärztlichen Dienstes im Heere und in der Marine fungiren.*)

Wir haben also festzuhalten, daß es besondere Lehrkörper (teaching bodies) giebt und besondere Corporationen mit dem Rechte zur Prüfung (examining bodies), die beide ganz unabhängig von einander sind und erstere ganz, letztere bis auf wenige gesetzliche Beschränkungen auch unabhängig von der Staatsregierung sind. Jede der Prüfungs-Commissionen stellt nun verschiedene Anforderungen an den Candidaten; während die eine den Nachweis einer allgemeinen wissenschaftlichen und classischen Bildung verlangt, begnügt sich die andre mit einer gewöhnlichen Elementarbildung der Candidaten; dasselbe gilt von den medicinischen Fächern, so daß ein Minimum und ein Maximum der Anforderungen

*) Royal College of Physicians of London, R. Coll. of surgeons of England, R. Coll. of Physicians Edinburgh, R. Coll. of surgeons Edinburg, Faculty of phys. and surg. of Glasgow, King and Queen's Coll. of phys. in Ireland, Society of Apothecaries (England), Apothecaries Hall of Ireland, Army medical Department, Army medical School, Indian Medical Service, Naval Medical Service.

existirt. Das Minimum wird m. W. in London von der Apothecaries Society verlangt, die relativ höchsten Ansprüche stellt das r. Coll. of physicians. Selbstredend beeinflußt dies auch die Stellung der von den verschiedenen Corporationen geprüften dem Publikum gegenüber; wir werden diesen Punkt ausführlicher besprechen. Ich kann mich in eine Erörterung der Vorzüge und Nachtheile dieses Unterrichts- und Prüfungssystems hier nicht einlassen aus Furcht, mich von meinem Gegenstande zu weit zu entfernen. Nur die eine Bemerkung sei erlaubt, daß dieser Modus alle Vorzüge, aber auch alle Fehler einer zu großen Decentralisation zeigt; in Preußen ist das grade Gegentheil davon zu bemerken. Einer einsichtigen Medicinalverfassung scheint es vorbehalten, zwischen diesen beiden Gegensätzen zu vermitteln; inzwischen fühlt man in London manche Unzuträglichkeiten des gegenwärtigen Systems und es macht sich unverkennbar eine Bewegung zu Gunsten einer größeren Centralisation bemerkbar. Davon legt der Bericht der „medical teachers' association" Lancet Oct. 31 1868 S. 571 unzweideutiges Zeugniß ab.

So weit herrscht also in der ärztlichen Welt Englands vollständiges Selfgovernment; welche Rechte und welche Stellung hat aber das Gesetz der Regierung eingeräumt? Der citirte Parlamentsact vom 2. August 1858 und die Zusätze vom 19. April 1859, 23. März 1860, 7. August 1862 setzen als oberste Medicinal-Behörde des Landes den „great medical council of medical education and registration of the united Kingdom" ein. Auch diese Behörde ist nicht etwa durch einseitige Ernennungen Seitens der Krone gebildet, sondern besteht zum größeren Theil auch aus Delegirten der Universitäten und der ersten ärztlichen Körperschaften des Landes. Der Krone steht nur das Recht zu, auf Vorschlag des privy council (Staatsrath) 6 Mitglieder zu ernennen, wovon 4 für England fungiren sollen, 1 für Schottland, 1 für Irland. Die Mitglieder werden alle 5 Jahre gewählt und können nach Ablauf dieser Zeit wiedergewählt werden. Zur Wahl je eines Mitgliedes berechtigt sind: das R. Coll. of physicians, R. Coll. of surgeons of Engl., the apothecaries society of London, University of Oxford, Cambridge, Durham, London. The Coll. of phys. of Edinburgh, the coll. of surgeons of Edinburgh, The faculty of phys. and surg. of Glasgow, ferner präsentiren ein Mitglied gemeinschaftlich: die Universität von Edinburgh und die beiden Universitäten von Aberdeen, die Universität von Glasgow und die Universität von St. Andrew, — je ein Mitglied wählen ferner The King and Queen's Coll. of phys. of Ireland, The Royal Coll. of Surg. in Ireland, The Apothecaries Hall of Ireland, The Univers. of Dublin, The Queen's University in Ireland. Mit den 6 von der Krone ernannten Personen besteht das Collegium mithin aus 23 Mitgliedern. Diese Hauptbehörde spaltet sich nun in drei Zweigbehörden, je eine für England, Schottland, Irland.

Der Präsident des general council ist eo ipso Mitglied jedes branch council, wie die Zweigbehörden genannt werden. Die Collegien stellen jedes einen Registrator an, dessen Function darin besteht, eine amtliche Liste sämmtlicher zu Aerzten qualificirt befundener Personen zu führen, sei es, daß er sich durch eigne Nachforschungen überzeugt, ob Jemand von einer Prüfungs-Commission qualificirt ist, sei es, daß ihm Letztere selbst eine Liste ihrer Candidaten zustellt. Für diese Registrirung in dem officiellen Verzeichnisse, unsrer Approbation zu vergleichen, hat jeder Arzt Lstr. 5 zu entrichten.

Dem general council räumt nun das Gesetz einige Rechte in Bezug auf die Ueberwachung der Prüfungs Commissionen ein; es hat z. B. jedes Mitglied des general council das Recht, Zutritt zu den Prüfungen zu verlangen, ferner kann das gen. council dem privy council etwanige bei den Prüfungen entdeckte Mängel und Schäden denunciren, das seinerseits berechtigt ist, nach Befinden das Privilegium zu gültigen Prüfungen bis nach geschehener Abhülfe zu suspendiren.*) Ein Gleiches kann stattfinden, wenn irgend eine privilegirte Körperschaft die Zulassung zum Examen oder die Ertheilung ihrer Grade abhängig macht von dem Versprechen des Candidaten, irgend einem bestimmten medicinischen oder chirurgischen Systeme zu huldigen. Die Registratoren der branch council senden jährlich ihre amtlichen Verzeichnisse der qualificirten Personen dem Registrator des general council zu, welcher die Listen zusammenzustellen hat und ein officielles Verzeichniß sämmtlicher Aerzte des Königreichs herausgiebt. Dieses Verzeichniß ist bindend für die Gerichte des Landes, und sichert dem Registrirten die Rechte, welche mit der ärztlichen Qualification verbunden sind. Die Streichung eines Namens aus dem Register kann nur durch den general council erfolgen, wenn dasselbe nach geschehener Untersuchung einen Arzt eines unwür-

*) S. l. c. Medical act. etc. XX—XXII.

digen Benehmens in Bezug auf seinen Beruf (infamous conduct in any professional respect) schuldig findet, oder wenn aus irgend einem gesetzlichen Grunde ein Arzt aus seiner ärztlichen Körperschaft entfernt wird und das general council aus demselben Grunde auch die Löschung seines Namens in dem Register beschließt. Nachträglich erworbene höhere Qualification kann im Register nachgetragen werden.

Die Privilegien der registrirten Aerzte bestehen nun darin, daß diese je nach ihrer Qualification Medicin oder Chirurgie oder Beides im ganzen Königreiche zu practiciren berechtigt sind, und daß sie bei jedem Gerichte mit Ersatz der vollen Proceßkosten angemessene (reasonable), Honorare für nachweislich geleistete Hülfe, Rath, Besuche, Arzneien und andre medicin. oder chirurg. Auslagen einklagen können.*) Jedem college of physicians steht es jedoch frei, für seine Mitglieder aus freiem Antriebe das Klagerecht auszuschließen; ist eine solche Bestimmung in den Statuten (bye-laws) aufgenommen, so hat auch sie Gesetzeskraft. Nicht registrirten Personen steht überhaupt kein Klagerecht zu.**) Desgleichen sind sie gesetzlich unfähig zu allen öffentlichen Aemtern, zu Hospital-, Armenärzten ꝛc.***) Nur die Atteste registrirter Aerzte haben vor Gericht Gültigkeit.†) Registrirte Aerzte werden auf Wunsch befreit von der Verpflichtung, als Geschworne zu fungiren, kirchliche oder communale Aemter zu verwalten, vom Milizdienste. Fälschungen im Register werden bis zu 12 Monaten Gefängniß bestraft. Personen, die sich unrechtmäßig den Titel eines physician, Dr. med., eines Licentiate in medicine and surgery, Bachelor of Medicine, Surgeon, General practitioner oder Apothecary anmaßen oder sich als registrirte Aerzte geriren, sollen bis zu Lstr. 20 bestraft werden.††)

Interessant ist, daß nur der Doctortitel einer ganz beschränkten Anzahl fremder Universitäten von den examining bodies anerkannt wird, und durch die möglichste Vereinfachung des Examens die Registrirung erleichtert. Unter den deutschen Universitäten ist es Wien, Berlin, München, Würzburg, Heidelberg und Bonn; ich mu te mir erzählen lassen, daß der Glaube, an den andern deutschen Univ rsitäten sei der Doctortitel

*) l. c. XXXI.
**) l. c. XXXII. pag. 686.
***) l. c. XXXVI. p. 687.
†) l. c. XXXVII. p. 687.
††) l. c. XL. pag. 687.

käuflich, der Grund zu ihrer Ausschließung gewesen sei. Es würde wohl der Mühe werth sein, wenn die medicinischen Facultäten der übrigen deutschen Universitäten sich um die Anerkennung beim general council bewerben würden; dadurch würde ihren Promovirten die Praxis in ganz Großbritannien sehr wesentlich erleichtert werden.

Dies ist mit Uebergehung der uns hier nicht interessirenden Verwaltungsformen und der übrigen Functionen des gener. council das Wesentliche, was sich über die gesetzlichen Rechte der Aerzte in Großbritannien sagen läßt. Man sieht, daß weniger Einmischung der Staatsgewalt in die ärztlichen Verhältnisse nicht gut gedacht werden kann; wenn der Unterricht in vielen Beziehungen mangelhaft und die Prüfungsnormen stellenweise unter das Niveau des Wünschenswerthen herabgehen, so sind die Aerzte selbst Schuld daran. Es liegt jeden Augenblick in ihrer Gewalt, den Schäden abzuhelfen, aber wir finden auch auf unsrem Gebiete den Satz bestätigt, daß ein wirklich freies Volk immer ein sehr conservatives ist. Es hält in England ungeheuer schwer, Reformen einzuführen; das Volk hat sich dermaßen in selbstgeschaffene Formen eingelebt, daß es nur sehr ungern zu einem Wechsel sich entschließt und ihn häufig erst sich factisch vollziehen läßt, bevor es ihn gesetzlich sanctionirt. —

Die Prüfungs-Corporationen besitzen sämmtlich ihre eignen Statuten und Regulative, welche vom Parlamente anerkannt sind und Gesetzeskraft haben. In diesen sind die verschiedenen Diplome oder Grade (degrees) bestimmt, welche sie ertheilen und zu gleicher Zeit der Modus, wie diese Prädicate erlangt werden können, welche Rechte und Pflichten damit verknüpft sind. Obgleich die Promotion auf einer der Universitäten zur Registrirung berechtigt, so sind doch die meisten promovirten Aerzte zugleich Mitglieder einer der großen ärztlichen Corporationen. Das r. Coll. of phys. of London und das r. Coll. of surgeons of England haben drei Grade: fellow, member und licentiate; beide letzteren sind durch Prüfung zu erlangen. Wichtig für unsern Zweck zu wissen ist, daß in jedem Coll. of physic. das Dispensiren von Arzneien den Mitgliedern untersagt ist*), nur licentiates ist es gestattet, für ihre eignen Patienten die Arzneien zu bereiten. In dem coll. of surg. ist es nur den fellows untersagt, aber auch die members dürfen nicht für von

*) S. Charter, bye-laws etc. S. 58 III.

andern Aerzten behandelte Kranke dispensiren. Die von der apothecaries society Geprüften können auch zu gleicher Zeit Apotheker im vollen Sinne des Wortes sein. Das Verhältniß der Pharmacie zur Medicin ist bei der Stellung der Aerzte zum Publikum eine sehr wichtige; in Deutschland sind bekanntlich Beide vollständig von einander getrennt und es hat auch nicht an Stimmen bei uns gefehlt (ich erwähne beispielsweise Rohlfs), die eine Wiedervereinigung als ein natürliches und historisches Recht der Medicin verlangten. Unzweifelhaft führt jedoch die Vereinigung solche Uebelstände mit sich, daß wir uns nicht entschließen könnten, ihr das Wort zu reden. In England hat die Trennung sich großentheils schon vollzogen, und es unterliegt kaum einem Zweifel, daß sie mit der Zeit auch hier als eine Nothwendigkeit vollständig erfolgen wird. Die Bildung der pharmaceutical society in London und das Ansehen ihrer Mitglieder beim Publikum ist ein Zeichen dafür, daß dieselbe mit der Zeit die Pharmacie sich ganz aneignen, und die Aerzte von einer Zwitterstellung zwischen Männern der Wissenschaft und Geschäftsleuten befreien wird. Wie es in den britischen Provinzen damit aussieht, ist mir freilich nicht bekannt; ich glaube jedoch, daß nur auf dem Lande hie und da ein factisches Bedürfniß dazu vorliegen kann, daß der Arzt zugleich Apotheker sei; für einen solchen Fall ist in Preußen durch Bewilligung einer Nothapotheke gesorgt; in allen andren Fällen halten wir die Vereinigung der practischen Medicin mit der Pharmacie für sehr bedenklich. Dies schließt jedoch keineswegs aus, daß der Mediciner nicht auch bei uns wie in England veranlaßt werde, in der Zeit seines Studiums Pharmacie einige Zeit lang practisch zu betreiben; wir glauben, daß dies von großem Vortheile für seine ärztliche Thätgkeit sein würde. — Wir bemerken ferner, daß es jedem physician und auch den fellows der surgeons untersagt ist, sich mit Collegen behufs gemeinsamer Betreibung der ärztlichen Praxis zu associiren, eine Einrichtung, die bei den surgeons noch vielfach, und wie wir uns überzeugt haben, nicht immer zum Nachtheil des Publikums, angetroffen wird. Ebenso ist das Verkaufen der Praxis bei den Ersteren verpönt; genug, es ist Alles geschehen, ihnen den Charakter von Männern der Wissenschaft zu erhalten. —

Die verschiedenen Grade in den Prüfungs-Corporationen, welche einen verschiedenen Grad von Kenntnissen voraussetzen, bedingen auch eine verschiedene Anlage in der allgemeinen wissenschaftlichen Vorbilbung, eine andre Zeit und Art des Studiums, andre Anforderungen Seitens der Betreffenden an das Leben und in letzter Instanz durch die verschiedene Leistungsfähigkeit eine andre Stellung zum Publikum. Die fellows und members des r. Coll. of phys. und die fellows des coll. of surg. practiciren mehr wie unsre Professoren oder Specialisten als Consultationsärzte, während die licentiates des coll. of phys., die memb. und licent. des coll. of surg. und die licent. der apothecaries society mehr die Rolle unsrer Hausärzte übernehmen, sogenannte general practitioners sind. Müssen die Ersteren namentlich in London eine Reihe von Jahren warten, bis sie sich die Anerkennung des Publikums erworben haben, und ihrer späteren Carrière somit große Opfer bringen, so bringen es die Letzteren, durch Glück und Zufall begünstigt, viel rascher zu einer Praxis, die indessen viel anstrengender und weniger lucrativ ist, als die der Consultationsärzte. Der physician läßt sich, dies ist der übliche Satz, für eine Consultation oder einen Besuch nicht unter 1 Guinee (7 Thlr.)*) bezahlen, (wenigstens acceptirt er selten ein geringeres Honorar, wenn er vielleicht auch mehrere Male minder Bemittelten dafür Rath ertheilt) das Gros der general practitioners geht von sh. 10 (3 Thlr. 10 Sgr.) bis auf sh. 2½ (25 Sgr.) für den Besuch herab. Verabredungen mit Aerzten wegen jährlicher Honorirung, wie dies in einzelnen Gegenden Deutschlands mit den Hausärzten Usus ist, finden bei Privatleuten in England außerordentlich selten statt. Der Engländer verweist seinen Arzt nicht aus Dankbarkeit auf den Himmel, wo alle guten Thaten belohnt würden, sondern bestrebt sich nach Kräften, ihm einen Himmel auf Erden dadurch zu bereiten, daß er ihm die Mittel zu sorgenloser Existenz schafft. Der physician behält Zeit und Muße genug, um neben seiner Praxis seinen Specialstudien obzuliegen und sich auf der Höhe seiner Wissenschaft und Kunst zu erhalten. Das einzige Band, welches ihn mit dem Publikum verbindet, ist seine Leistungsfähigkeit; vermindert sich diese oder erlischt sie, so schwindet sein ganzer Nimbus und — seine Einnahmen.

Es könnte hier die gerechtfertigte Frage entstehen, ob es denn im Interesse sowohl der medicinischen Theorie als auch der Praxis gerechtfertigt ist, daß ein Unterschied unter den Aerzten gemacht werde, wie in Eng-

---

*) Man darf dabei nicht vergessen, den geringeren Geldwerth in England in Betracht zu ziehen.

land, daß die vorangegangene Prüfung die angehenden Mediciner schon gleichsam auf eine bestimmte medicinische Thätigkeit anweise, daß nicht jeder Mediciner voll und gleichberechtigt in die Praxis eintrete. Es hängt diese Frage sehr innig zusammen mit der weiteren, ob es denn im Interesse unsres Berufes zweckmäßig ist, daß man das Prinzip der Theilung der Arbeit auch auf die Medicin ausdehne, daß der Eine ausschließlich die Lungenkrankheiten in Beschlag nehme, der Andre die Augenkrankheiten, daß der Eine nur mit dem Speculum umgehe, der Andre mit dem Laryngoscop. Wir können diese wichtigen Fragen hier nur so weit ventiliren, als sie für unsern Zweck von Bedeutung sind. In Preußen hat früher gesetzlich ein Unterschied zwischen den Aerzten bestanden; wir hatten practische Aerzte, die promovirt sein mußten, Chirurgen I. und II. Classe. Da dieses Gesetz aufgehoben ist, und heute Jeder, der in die Praxis geht, Dr. med. et chir., pract. Arzt, Wundarzt und Geburtshelfer sein muß, so stehen die Chirurgen I. u. II. Classe auf dem Aussterbe-Etat. Preußen hat also ein dem englischen entgegengesetztes Prinzip adoptirt und die Vereinigung sämmtlicher Disciplinen für nothwendig gehalten, um nicht blos auf Grund derselben die Berechtigung zur Praxis zu ertheilen, sondern zugleich dadurch auch die Verpflichtung zur Ausübung der verschiedenen Zweige der Medicin aufzuerlegen. Das Letztere wird häufig bei Beurtheilung dieser Einrichtung übersehen. Mit der Annahme dieses starren Prinzips hat man auch hier auf Kosten der Freiheit des ärztlichen Individuums einem Uebelstande abhelfen wollen; aber was hat man damit erreicht, frage ich? Wir haben Wundärzte, die Gott danken, wenn sie nicht das Messer zu führen brauchen, und Geburtshelfer, die Alles lieber thun, als eine Entbindung machen. Ich erkläre ausdrücklich, daß ich ein Gegner der britischen Prüfungseinrichtungen bin, um nicht in den Verdacht zu gerathen, Alles was englisch ist, zu preisen und meine vaterländischen Institutionen herabzuziehen. Ich halte, falls überhaupt Prüfungen adoptirt werden, eine gleichartige Prüfung für alle Mediciner als ausreichend, und wünsche auch, daß diese Prüfung sich auf sämmtliche medicinischen Fächer erstrecke, wenn ich auch nicht einsehen kann, daß die mittelalterliche Förmlichkeit der Promotion (heute nur eine Geldquelle der Universitäten) beibehalten zu werden braucht, und daß die Abiturienten-Prüfung auf einem Gymnasium mit einer Richtung der Erziehung, die der naturwissenschaftlichen Anschauung nicht grade förderlich ist, zur Zulassung zu den Studien absolut nothwendig ist. Wir müssen für Alle ein gesetzliches Minimum der Prüfung haben, ohne welches Niemand Arzneikunde practisch treiben sollte, aber man gehe nicht weiter! Man zwinge nicht einen linkischen Menschen, gefährliche Operationen vorzunehmen, und man veranlasse nicht einen mehr mit technischen Fertigkeiten begabten Menschen, sich in theoretische Studien zu verlieren, denen er nie gewachsen sein wird. Große, geistige Begabung verbunden mit großen technischen Fertigkeiten gehört zu den Ausnahmen; jeder Mensch besitzt vorzugsweise diese oder jene in mehr oder weniger hohem Grade. Die Consequenzen dieses unbestrittenen Satzes liegen so auf der Hand, daß wir den Leser zu ermüden fürchten, wenn wir dieselben hier ausführlich verfolgen wollten. Die Schöpfung der Chirurgen I. Classe in Preußen ging aus vielen richtigen Gesichtspunkten hervor; daß dieselbe zu Grunde gegangen, liegt theils daran, daß bei den großen Fortschritten, welche die Medicin in den letzten Decennien gemacht, zu geringe Anforderungen an die Examinanden gestellt wurden, theils an dem Widersinne, daß man die Chirurgen für die Landbevölkerung gut genug erachtete, ihnen aber den Wohnsitz in den Städten versagte. Ein Examen für Alle und ein gründliches in sämmtlichen Zweigen der Medicin; nach der Prüfung aber absolute Freiheit des Arztes, sich mit dem Zweige der Wissenschaft und Kunst zu beschäftigen, der ihm behagt. Von dieser Freiheit muß der Arzt leben, da der Staat nicht für ihn, wie für andre Beamte, eine Versorgungsanstalt ist; er wird aber besser davon leben können, wenn er nur im Sinne seiner Neigungen arbeitet, weil er dann besser arbeitet. Man erwiedere mir nicht, daß diese Freiheit trotzdem bei uns besteht; in den kleineren Städten und auf dem Lande ist sie durch die Nothwendigkeit, überall helfend einzutreten, factisch aufgehoben, und in den großen Städten existirt sie allerdings bis zu einem gewissen Grade, aber per nefas. Die preußische Gesetzgebung kennt keine Ohren-, Hals-, Frauenärzte 2c., sondern jeder Arzt ist gesetzlich verpflichtet, Leidenden aller Art, die sich an ihn wenden, beizustehen. Es ist mir bekannt, daß man die Verpflichtung zur practischen Ausübung aller Zweige der Medicin auch als Bedürfnißfrage, besonders der ländlichen Bevölkerung, aufgefaßt hat; in England, wo vor und nach der Registrirung Jeder nach seiner Façon selig werden kann, fehlt es dennoch an Aerzten in den ländlichen Kreisen nicht, und wenn es daran fehlen sollte, so würden die Mittel zur Beschaffung derselben sehr bald gefunden sein. Dort befriedigt man nicht hervortretende Bedürfnisse auf Kosten der Freiheit eines Standes; wir haben oben gesehen, in welcher gerechteren Weise man denselben genügen kann. —

Daß bei absoluter Freiheit des Arztes, den Gegenstand seiner Beschäftigung zu wählen, die Cultivirung von Spezialfächern, die heute zur Mode geworden, vielleicht noch gefördert wird, läßt sich allerdings nicht leugnen, indessen sehe ich so lange keinen Schaden darin für das Publikum, so lange der Specialarzt sein Fach vollständig beherrscht. Bei unserm heutigen System, wo die Specialfächer häufig nur zu dem Zwecke cultivirt werden, um die allgemeine Praxis lucrativer zu gestalten, wird natürlich viel Humbug damit getrieben, was gewiß nicht dazu beiträgt, das Vertrauen des Publikums zu den Specialisten zu erhöhen. In allen Fällen aber stellt sich bei dem heutigen Standpunkte der ärztlichen Wissenschaft und Kunst das Betreiben von Spezialfächern als eine Nothwendigkeit heraus, da es immer unmöglicher wird, das große und täglich sich vergrößernde Gebiet der gesammten Medicin gleichzeitig zu beherrschen.

Wenn wir zu den englischen Verhältnissen zurückkehren, so dürfte hier der Platz sein zu bemerken, daß das royal college of physicians für seine fellows das Klagerecht für rückständige Honorare ausgeschlossen hat*). „No fellow of the college shall be entitled to sue for professional aid rendered by him.“ Diese Bestimmung trägt nicht wenig zu der Achtung bei, in der die Mitglieder dieses Collegiums beim Publikum stehen. Man sieht aus dieser Bestimmung, wie verschieden die Begriffe von Berufsehre nach den verschiedenen Standpunkten ausfallen; während der englische wissenschaftlich gebildete Arzt gar nichts darin findet, auf sofortige Honorirung zu bestehen, um den widerwärtigen Verfolgungen, die auf das große Publikum immer einen sehr peinlichen Eindruck machen, zu entgehen, gerirt der deutsche College sich bei den Besuchen und Consultationen dem Publikum gegenüber so, als ob er nur in gloriam dei arbeite; hinterdrein aber ist er oft gezwungen, wenn er nicht empfindliche Einbuße erleiden will, durch die odiösesten Proceduren sich zu seinem Rechte

*) S. Charter, bye-laws etc. S. 62. Ch. XXIII. I.

zu verhelfen. Bei den andern englischen Aerzten, denen ein Klagerecht zusteht, wird das Honorar durch die Gerichte nach dem Usus fixirt; in zweifelhaften Fällen werden Gutachten von Aerzten eingefordert und die Klage wird wie jede andere Klage für geleistete Dienste entschieden.

Im Allgemeinen aber sind die gerichtlichen Honorar-Klagen der Aerzte in England seltener, weil überhaupt die Sitte der sofortigen Entrichtung besteht und die Aerzte nur in den Fällen jährlich liquidiren, in welchen sie des Honorars sicher zu sein glauben. —

Die sociale Stellung des Arztes dem Publikum gegenüber ist in England dieselbe, wie in Deutschland; sie ist bedingt durch seine allgemeine wissenschaftliche Bildung, seine specielle medicinische Tüchtigkeit, und seinen persönlichen Charakter. Das Volk sendet stets einige Mitglieder des ärztlichen Standes in das Parlament, und ehrt das Andenken an die Heroen unsrer Wissenschaft und Kunst durch die Errichtung von Denkmälern. So findet man beispielsweise in der Paulskirche die Statuen verdienter Aerzte neben denen großer Staatsmänner, Krieger &c.

Der Auseinandersetzung, wie die Aufhebung der Verpflichtung zu ärztlichen Dienstleistungen und der Medicinaltaxe weder die berechtigten Interessen des Publikums schmälert, noch auch einen schädlichen Einfluß auf die Beziehungen des Arztes zum Publikum äußert, werden wir naturgemäß einige Bemerkungen über die ärztlichen Standesinteressen folgen lassen, welche wir gleichfalls bei Emancipirung des Arztes von staatlichen Einflüssen nicht gefährdet, vielmehr gefördert sehen. Von dem materiellen Standesinteresse haben wir hie und da schon gesprochen; es genüge hier die allgemeine Bemerkung, daß die Aerzte Englands im Großen und Ganzen mit ihrem Loose zufrieden zu sein scheinen; wenigstens ist mir von vielen Personen, die mit den Verhältnissen sehr genau vertraut sind, dies versichert worden. Einen besseren Beweis für die Wahrheit dieser Behauptung kann es füglich nicht geben, als daß die Aerzte selbst sich zufrieden erklären; es steht ihnen frei, die Art ihrer Beschäftigung je nach Neigung zu wählen, es steht ihnen bis zu einer gewissen Höhe die Bestimmung der Honorare frei, sie können practiciren wann und wo sie wollen, und es scheint, als ob diese Freiheit ihnen zu ihrer Zufriedenheit genügt. Gearbeitet muß in England ebenso, und vielleicht noch mehr werden wie in Deutschland, aber die Arbeit ist eine freiwillige und eine lohnende.

Von den stereotypen Klagen der Aerzte, wie sie in Deutschland an der Tagesordnung sind, scheint hier Nichts bekannt zu sein, obgleich der ärztliche Stand in England in einzelnen Fällen ebenso wenig vor Noth geschützt sein mag, als bei uns. Jedenfalls ist aber die allgemeine Position eine bessere; daß Aerzte mit Hinterlassung eines ansehnlichen Vermögens für ihre Familie, das im Berufe erworben ist, sterben, gehört in England zu alltäglichen Vorkommnissen, während ein solcher Fall in Deutschland eine rara avis ist. Man braucht die Klagen der preußischen Aerzte in specie nicht alle für gerechtfertigt zu halten und doch zugestehen, daß für sie das Wort „Galenus dat opes" nur eine wehmüthige Erinnerung an vergangene Zeiten hervorruft. Wir übertreiben nicht, wenn wir sagen, daß $\frac{2}{3}$ der preußischen Aerzte von der Hand in den Mund leben und am Abende ihres Lebens die bittre Aussicht haben, trotz redlicher Arbeit, ihre Familien in größeren oder geringeren Verlegenheiten zu hinterlassen. Wenden wir uns aber von diesen unerquicklichen Zuständen ab, für die wir ein Heil nur in der persönlichen Freiheit des Arztes erblicken, und ventiliren wir vielmehr, wie sich die collegialen Verhältnisse in England im Vergleich mit den unsern gestalten.

Wenn Jemand von uns eine Schilderung der ärztlichen Collegialität in unserm lieben Vaterlande verlangte, dann würden wir ihm mit jenem bekannten Ausspruche erwiedern können: Infandum regina jubes renovare dolorem; die schöne hippokratische Verpflichtung „socios artis humaniter et uti artis dignitas postulat tractaturum" wird zwar geschworen, von diesem Eide wird aber in Wirklichkeit wenig gemerkt. Wir erkennen gern an, daß in letzter Zeit durch die ärztlichen Vereine in dieser Beziehung Viel Rühmenswerthes geleistet ist, wie viel aber noch zu thun übrig bleibt, mag Jeder in Deutschland practicirende Arzt selbst zu beurtheilen im Stande sein. Jedenfalls geht aus den preußischen Verhältnissen hervor, daß sie keinen Schutz gegen die kleinlichen, persönlichen Anfeindungen der Aerzte untereinander enthalten; ob ein solcher überhaupt durchgreifend möglich ist, ist eine andere Frage und ich glaube die Frage im Allgemeinen verneinen zu müssen, weil auch den Aerzten, sie mögen leben wo sie wollen, die Schwächen anderer Menschen ankleben. Indessen scheint mir dennoch, als ob durch die großen Corporationen Englands, abstrahirt von den vielen sonstigen Vereinigungen zu wissenschaftlichen und andern Zwecken, und durch die bessere materielle Lage der Aerzte, die Collegialität der englischen Aerzte im Ganzen eine herzlichere ist, wie bei uns. Die geachteten ärztlichen Gesellschaften scheinen in England darin mit großer Strenge vorzugehen, so z. B. enthalten die Gesetze d. r. C. of phys. of Lond. ganz strikte Verhaltungsregeln für die Mitglieder in Bezug auf das Verfahren bei Consultationen:*)

I. Wenn zwei oder mehr Aerzte (Mitgl. d. Gesellschaft) zu einer Consultation berufen sind, so sollen sie mit der größten gegenseitigen Zuvorkommenheit sich besprechen und Niemand soll berechtigt sein, bevor die Methode der Behandlung durch die Consultation mit den Collegen bestimmt ist, in Gegenwart des Patienten oder seiner Angehörigen zu verordnen oder nur eine Meinung über das auszusprechen, was geschehen soll. Der erste hinzugerufene Arzt soll, falls er es nicht ablehnt, die Verordnung schreiben, und unter den Anfangsbuchstaben der consultir. Aerzte seine eigenen setzen. Bei Meinungsverschiedenheit ist die größte Mäßigung und Zurückhaltung zu beobachten; die Verschiedenheit der ärztlichen Ansichten soll durch den behandelnden Arzt dem Patienten oder der Umgebung so mitgetheilt werden, daß der Kranke oder seine Angehörigen möglichst wenig beunruhigt werden.

II. Kein fellow oder Mitglied der Gesellschaft darf direct oder unter dem Vorwande bloßen Wohlwollens einem Kranken ärztliche Hülfe anbieten oder ihm gar Verordnungen machen, wenn er weiß, daß der Kranke sich unter Behandlung eines andern qualificirten Arztes befindet.

Zuwiderhandlungen gegen diese Gesetze haben gewöhnlich zuerst Ermahnungen zur Folge, und können im Wiederholungsfalle mit der Ausstoßung des Mitgliedes enden, welche empfindliche Folgen nach sich zieht. Man sieht aus diesen Citaten, daß durch die unbegrenzte Concurrenz der Aerzte in London die Begriffe von Collegialität wenigstens nicht alterirt sind. Ueberhaupt ist man in gewissen Dingen in London viel peinlicher, als bei uns; jede wie immer geartete öffentliche Ankündigung ist durchaus verpönt; dies geht so weit, daß ein phýsician in dem großen London nicht einmal einen Wohnungswechsel anzeigen darf, wenn er sich nicht einer Rüge Seitens seiner Gesellschaft aussetzen will.

---

*) Charter, bye-laws etc. Chap. XXII.

Es ist dies auch das einzige Mittel, obgleich ein hartes, um jeder möglichen Reclame, die oft die unschuldigsten Formen annimmt, entgegenzutreten. — Die ärztlichen Vereine sorgen auch dafür, daß Niemand in England sich einen ärztlichen Titel oder Grad anmaßt, der ihm nicht gesetzlich zusteht. Dies ist die einzige Maßregel, durch welche die qualificirten Aerzte die Quacksalber unschädlich zu machen suchen. Es ist Letzteren zwar gestattet zu curiren, die Anmaßung von Ehrentiteln oder Prädicaten wird aber bestraft; da nun die Staatsbehörde nur auf erfolgte Denunciation einschreitet, so hat sich ein Verein gebildet, der sich diese Denunciationen im Interesse des ärztlichen Standes zur Aufgabe macht.

Die Vereinsthätigkeit in England, die ja viel entwickelter ist, wie in Deutschland, bringt es auch bei den Aerzten wie bei allen andern Ständen mit sich, daß der gesammte Stand sich mehr des Einzelnen annimmt, als bei uns. Ein dem einzelnen Arzte zugefügtes Unrecht Seitens des Publikums, oder eine eingerissene Unsitte zu Ungunsten des einzelnen Arztes wird sofort als Standesangelegenheit betrachtet und vor das Forum der Oeffentlichkeit gebracht. Durch die vereinigten Kräfte ist eine Abhülfe eher möglich.

Zum Schlusse hier noch die Erörterung eines Standesinteresses im höheren Sinne des Wortes. Wir haben schon oben auseinandergesetzt, daß die Physicians und die renommirten Surgeons von London, die unsern Professoren oder Specialisten gleichen, durch die Art ihrer Thätigkeit nicht so in Anspruch genommen werden, wie bei uns. Die englischen Aerzte machen überhaupt nicht so viele Besuche bei den Patienten als wir deutschen; es scheint fast, als ob die geringe Taxe in einem gewissen Verhältnisse zu der Zahl der Besuche steht. Durch diesen Umstand sind die beschäftigten englischen Aerzte bis herauf zu den ersten Notabilitäten des Standes nicht so geplagte Menschen, die sich von Morgens bis Abends abhetzen, und es bleibt ihnen Zeit und Muße zu wissenschaftlichen Studien und Arbeiten. Wie anders liegen die Verhältnisse bei uns! hat ein Arzt es einmal zu einer Professur gebracht, sei es daß er eine medicinische oder eine chirurgische Klinik leitet, so ist seine Zeit dermaßen in Anspruch genommen, daß ihm selten Muße zu productiven wissenschaftlichen Arbeiten bleibt. Gelangt er dazu, so schreitet die Arbeit langsam fort und wird häufig nur in Bruchstücken veröffentlicht, es fehlt an Zeit zu ihrer Vollendung. Die vielen nur in Anfängen bestehenden Arbeiten unsrer Koryphäen beweisen meine Behauptung zur Genüge. Gilt dies von den Professoren, die in der Regel doch nur consultative Praxis haben, so gilt es von den andren beschäftigten Aerzten noch mehr; ihnen bleibt kaum Zeit, sich auch nur mit den Fortschritten der Wissenschaft bekannt zu machen, und es darf deshalb nicht Wunder nehmen, wenn man so häufig bei Consultationen noch in der Kraft der Jahre stehende Collegen trifft, deren medicinischen Standpunkt die jüngere Generation als eine lebendige Geschichte der Medicin studiren kann.

Wir glauben am Schlusse unsrer Arbeit angelangt zu sein und nachgewiesen zu haben, daß die gesetzliche Verpflichtung der Aerzte zu Hülfsleistungen und die mit ihr zusammenhängende Medicinaltaxe nach allen Richtungen hin ein legislatorischer Mißgriff sind; es könnte jetzt nur die eine Frage controvers sein, ob sich die sofortige unbedingte Aufhebung beider Gesetze empfiehlt, oder ob Uebergangsbestimmungen nöthig sind, um einer Confusion vorzubeugen.

Unseres Erachtens würde die sofortige Aufhebung nicht die geringsten Schwierigkeiten machen. Die einzige hier in Betracht kommende Gefahr könnte doch nur die sein, daß das Publikum mit einem Schlage der Willkür der ärztlichen Welt preisgegeben wäre; indessen die Sache liegt thatsächlich so schlimm nicht, wie sie aussieht. Die Aerzte werden nach wie vor ihren Berufspflichten obliegen, nur werden die Honorarforderungen in der ersten Zeit, bis sich ein bestimmter Usus für die verschiedenen Gegenden herausgestellt hat, etwas in's Schwanken gerathen. Doch auch dies dürfte nur sehr vorübergehend sein und nur selten zu Unzuträglichkeiten Veranlassung geben. Der Arzt wird so klug sein wie Jeder Andre und nicht mehr nehmen, als er erlangen kann; er wird allerdings auch nicht weniger nehmen, wie er es bisher gethan hat. Ein gewisser Gebrauch für ärztliche Honorirungen hat sich überdies auch heute schon trotz der Taxe herausgestellt, deren einzige Tugend ja darin bestand, daß sie für das Publikum nicht obligatorisch, sondern nur facultativ war; die Taxe sollte überhaupt nur in streitigen Fällen für den Arzt obligatorisch sein, und war vielleicht auch dies nicht einmal, da sich eine vollständige Taxe für wissenschaftliche und künstlerische Leistungen gar nicht construiren läßt, und der Eine sehr Vieles in ihren Rahmen hineinfügte, was der Andre nicht konnte oder nicht wollte.

Also keine transitorischen Bestimmungen; kurz weg mit dem § 200 des preußischen Strafgesetzbuches, weg mit den Medicinal-Taxen, nur auf ihren Trümmern blüht dem ärztlichen Stande in Deutschland ein neuer Aufschwung, eine glücklichere Zukunft.

Verlag von J. Guttentag in Berlin.
Guttentag & Bahlen.

Druck von G. Jansen in Berlin.

Kolibri 360 GmbH
Ferdinand-Jühlke-Straße 7
99095 Erfurt, Deutschland
produktsicherheit@kolibri360.de